TRAITÉ
DE
PERSPECTIVE D'ASPECT

Tracé des ombres

Chez le même éditeur

G. Calvat. – **Initiation au dessin de bâtiment.**
Avec exercices d'application.
1990, 136 pages.

G. Calvat. – **Lecture de plans de bâtiment.**
Etude de dossiers.
1991, 184 pages.

G. Calvat. – **Perspectives coniques et axonométriques.**
Pas à pas.
2000, 264 pages.

A. Hirselberger & P. Rondin. – **120 Plans et modèles de maisons.**
2002, 248 pages.

H. Renaud. – **Réussir ses plans.**
2002, 160 pages.

H. Renaud. – **Plans et perspectives.**
Plain-pied et étage.
2005, 230 pages.

H. Renaud. – **Plans de maisons.**
Plain-pied et combles aménagés.
2005, 190 pages.

TRAITÉ
DE
PERSPECTIVE D'ASPECT

Tracé des ombres

Louis PARRENS
Peintre
Inspecteur de l'enseignement du dessin
dans les écoles de la ville de Paris

DOUZIÈME ÉDITION
Huitième tirage 2010

EYROLLES

ÉDITIONS EYROLLES
61, bd Saint-Germain
75240 Paris Cedex 05
www.editions-eyrolles.com

Le code de la propriété intellectuelle du 1er juillet 1992 interdit en effet expressément la photocopie à usage collectif sans autorisation des ayants droit. Or, cette pratique s'est généralisée notamment dans les établissement d'enseignement, provoquant une baisse brutale des achats de livres, au point que la possibilité même pour les auteurs de créer des œuvres nouvelles et de les faire éditer correctement est aujourd'hui menacée.

En application de la loi du 11 mars 1957, il est interdit de reproduire intégralement ou partiellement le présent ouvrage, sur quelque support que ce soit, sans autorisation de l'Éditeur ou du Centre Français d'Exploitation du Droit de Copie, 20, rue des Grands-Augustins, 75006 Paris.

© Éditions Eyrolles, 1961, 1987, ISBN : 2-212-00390-0 • ISBN 13 : 978-2-212-00390-1

TABLE DES MATIÈRES

Introduction	7
Généralités	8
Le carré, le parallélépipède	14
Le cercle, le cylindre, les polygones	29
Le cône	53
La pyramide et le prisme triangulaire	55
La sphère	57
Les plans inclinés	62
Tracés auxiliaires et réseau perspectif	71
Méthode des points de fuite et du point d'égale résection	75
Les reflets	82
Le tableau incliné	86
La restitution perspective	98
Le tableau cylindrique et sphérique	106

TRACÉ DES OMBRES

Eclairage artificiel	112
Eclairage solaire latéral	118
Eclairage solaire devant le spectateur	134
Eclairage solaire derrière le spectateur	144
Eclairage diffus	165
Dessin d'observation	166

INTRODUCTION

Il existe une représentation graphique assez proche de la vision normale qui est fournie par le dessin perspectif.

Il y a deux sortes de perspectives linéaires : l'une, utilisée dans l'industrie est la perspective conventionnelle ou industrielle appelée perspective cylindrique, l'autre, employée par les artistes est la perspective d'aspect ou artistique appelée perspective conique.

Celle-ci est l'objet du présent ouvrage dans lequel on trouvera les notions générales accompagnées d'exemples variés pouvant être utilisés par tous.

Néanmoins, on trouvera dans l'opuscule "<u>Précis de Perspective d'aspect appliquée à l'Architecture</u>" des tracés théoriques essentiels et des exemples spécialisés concernant le bâtiment.

S'il est vrai que ce n'est pas la perspective qui fait l'oeuvre d'art et si de nos jours cette science est ignorée volontairement ou non par certains, elle fait partie des connaissances que doit avoir un artiste.

Les applications de la perspective sont innombrables et son emploi se généralise dans l'industrie, la vue perspective accompagne le dessin technique et en facilite la lecture.

Dans ce domaine les possibilités de la perspective rendent son utilité supérieure à celle des maquettes et des photos, ces dernières ne pouvant être faites qu'après la fabrication d'un objet ou de sa maquette, alors que le dessin perspectif rend tangibles les projets eux-mêmes.

Si l'on emploie des "perspecteurs" pour les rendus d'architecture ou pour la réalisation des décors ou des dioramas, la perspective ne peut être ignorée des maquettistes ou des dessinateurs publicitaires. La connaissance de certaines règles rendra également service dans le domaine de la photographie ou de la cinématographie.

La perspective linéaire est une découverte européenne, c'est le peintre florentin Paolo Uccello qui, au XVe siècle s'intéressa un des premiers, dit-on, aux lois de la perspective.

Il est nécessaire d'en connaitre les principes sans les appliquer toujours d'une manière absolue car si la théorie emploie, comme l'appareil photographique courant, qu'un objectif, notre vision est binoculaire.

Normalement, nous percevons deux images qui se confondent en une seule, c'est la superposition de ces deux images qui donne la sensation du relief et nous permet d'évaluer les profondeurs - c'est le principe du stéréoscope et des anaglyphes.

Cette perspective d'aspect est dite "conique" parce que la convergence des rayons visuels est telle que l'oeil se trouve être le sommet d'un cône.

Il y a trois manières d'envisager l'exécution d'une perspective :
1° Devant la nature, c'est la perspective d'observation
2° Pour une composition, c'est la perspective d'imagination
3° D'après le géométral (architecture, mécanique, meuble).

GÉNÉRALITÉS

DEFINITION DES ELEMENTS NECESSAIRES A L'ETABLISSEMENT D'UNE EPURE

<u>Le tableau</u> - Le tableau est la surface transparente sur laquelle apparait l'image de l'objet. Il est ordinairement situé entre le Spectateur et l'objet qu'on doit représenter. Il est pratiquement limité par le cadre du dessin. Ce Tableau se présente toujours face au Spectateur et figure généralement le premier plan.

Pourtant, si l'on désire obtenir un "gros plan" le Tableau sera situé non plus devant mais au milieu de l'objet ou derrière lui.

<u>Les différentes positions d'un plan dans l'espace</u> - Les objets peuvent être enveloppés dans des plans se trouvant le plus souvent dans des positions multiples. La perspective d'un objet peut donc se résumer à la perspective d'un solide géométrique. Les droites qui se présentent de front n'ont pas de perspective et sont figurées par des horizontales ou des verticales, excepté pour ces dernières dans les vues plongeantes ou plafonnantes. Les autres directions convergent vers leur point de fuite respectif. La perspective d'une droite vue en bout est un point.

<u>La distance</u> - On appelle Distance la droite menée de l'oeil à l'objet. Elle correspond pratiquement à celle menée de l'oeil au Tableau. C'est la "Distance Principale". Pour éviter les déformations, cette Distance doit être d'une fois et demie au moins la largeur totale du modèle ou de deux fois au moins sa hauteur (si celle-ci est supérieure à la largeur du modèle). Cette Distance est d'ailleurs commandée par l'ouverture de l'angle optique.

<u>La pyramide optique</u> - La pyramide optique a pour base les côtés du Tableau et pour sommet l'oeil du Spectateur. L'axe de cette pyramide correspond théoriquement au rayon visuel principal appelé Distance. La base de la pyramide qui représente le Tableau a pour proportions 3 × 4 si l'on convient d'adopter une ouverture de 37° pour l'angle optique horizontal et 28° pour l'angle optique vertical.

<u>La ligne d'horizon</u> - La ligne d'horizon est la projection sur le Tableau du plan imaginaire horizontal situé à la hauteur des yeux du Spectateur et qui est le plan d'horizon. On peut considérer que la hauteur normale de l'horizon est à 1,60 m du sol.

Eloignement de l'horizon suivant la hauteur du Spectateur :

2	mètres	de hauteur :	horizon	à	5 km
5	"	"	"	à	8 "
10	"	"	"	à	11 "
20	"	"	"	à	16 "
100	"	"	"	à	35 "
1 000	"	"	"	à	113 "
10 000	"	"	"	à	357 "

Le plan principal de vision - Le plan principal de vision est le plan vertical perpendiculaire au Tableau passant par l'oeil du Spectateur.

Le point principal ou point de vue - Le point principal sur une vue normale est situé sur l'horizon face au Spectateur au centre du Tableau. C'est le point de fuite des lignes perpendiculaires au Tableau.

Le point de distance - La distance est l'éloignement du Spectateur au Tableau. Elle se porte sur la ligne d'horizon à droite ou à gauche du point principal. Le point de Distance est le point de fuite des lignes faisant 45° avec le Tableau (diagonales d'un carré horizontal présenté de front par exemple). C'est aussi le point de fuite des droites dites d'égales résections, c'est-à-dire des lignes qui recoupent les fuyantes principales en portant sur celles-ci, et en profondeur, des grandeurs données de front.

Réduction de la distance - Le point de Distance tombe toujours en dehors des limites du Tableau. Pour qu'il soit accessible sur celui-ci on convient de réduire la distance à la moitié, au tiers ou au quart et de la porter sur le bord de l'épure par l'indication D/2, D/3, D/4. Les profondeurs du plan-géométral seront réduites dans la même proportion.

Les points de fuite accidentels - Les points de fuite accidentels servent à toutes les fuyantes sauf à celles qui sont perpendiculaires au Tableau ou fuyantes à 45°.

Le plan neutre - Le plan neutre est un plan parallèle au Tableau passant par le Spectateur.

Remarques - On appelle "image" une vue perspective.

La "grandeur image" est une longueur présentée en perspective. Dans bien des cas elle sert à déterminer l'échelle du géométral.

Une vue "en vraie grandeur" est un point ou un tracé qui figure au plan du Tableau.

LE CHAMP VISUEL DU SPECTATEUR.
OUVERTURE DES ANGLES OPTIQUES

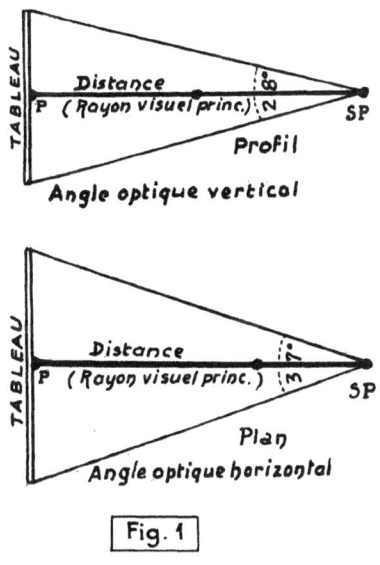

Fig. 1

Plan vertical - Angle optique : 28° - La hauteur du Tableau tient deux fois dans la Distance comprise entre le Tableau et le Spectateur.

Plan horizontal - Angle optique : 37° - La largeur du Tableau tient une fois et demie dans la Distance comprise entre le Tableau et le Spectateur.

Fig. 1 - Le champ visuel, ou pyramide optique, est donné par l'angle visuel vertical et l'angle visuel horizontal, dont les ouvertures sont respectivement de 28° et 37° environ. L'ouverture de ces angles est très approximative, rien ne permet de l'imposer d'une manière absolue. Il s'agit de grandeurs moyennes que le dessinateur peut modifier légèrement sans toutefois dépasser 40° pour éviter des déformations exagérées. La bissectrice qui est commune à ces deux angles correspond au rayon visuel principal. Le Tableau lui est perpendiculaire.

LA PYRAMIDE OPTIQUE

Fig. 2 - Les deux angles optiques se coupent perpendiculairement sur une ligne qui est l'axe de la pyramide optique et dont la base détermine le Tableau qui serait théoriquement dans les proportions de 3×4. Cette perspective dite aussi perspective conique pourrait se dénommer "perspective pyramidante".

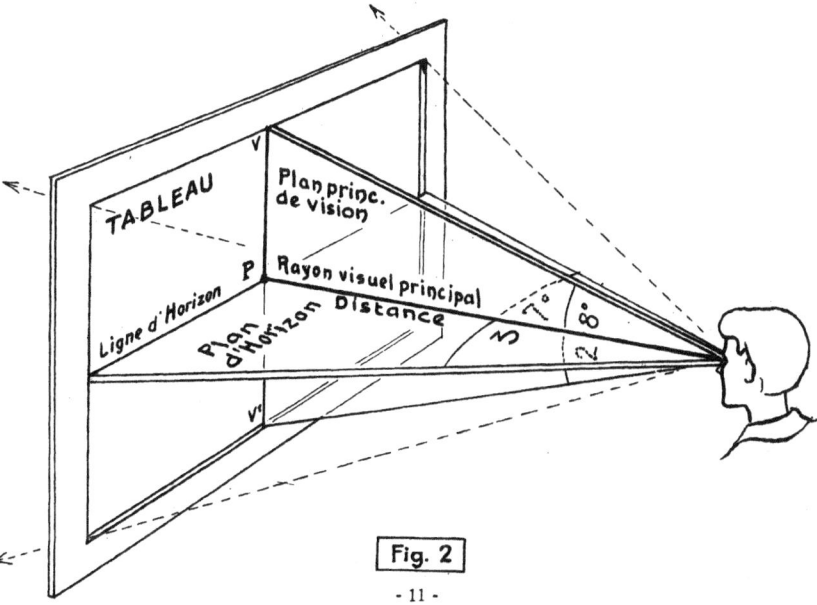

Fig. 2

LES POINTS PRINCIPAUX.
LE POINT PRINCIPAL ET LE POINT DE DISTANCE

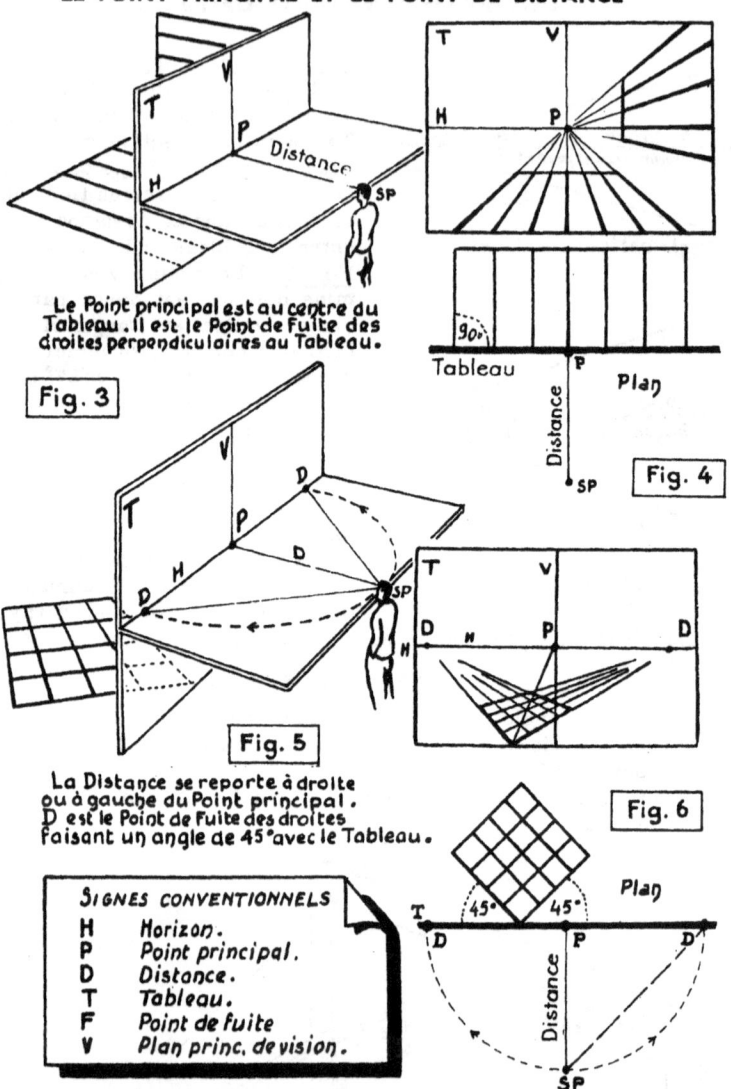

Fig. 3 et 4 - Vue de l'ensemble de la perspective et plan des droites horizontales perpendiculaires au Tableau.
La droite SP P étant parallèle aux lignes du réseau, P point de rencontre avec le Tableau est le point de fuite des droites perpendiculaires.
Fig. 5 et 6 - Vue de l'ensemble de la perspective et plan de droites horizontales se présentant à 45° par rapport au Tableau.
La droite SP D étant parallèle aux lignes du damier, D point de rencontre avec le Tableau devient le point de fuite des lignes du damier, présenté ici à 45° par rapport au Tableau.
N. B. -Toute droite partant de SP et qui est parallèle sur le plan à une direction connue donne, à sa rencontre avec le Tableau, le point de fuite de cette direction.

EMPLACEMENT DU POINT DE DISTANCE

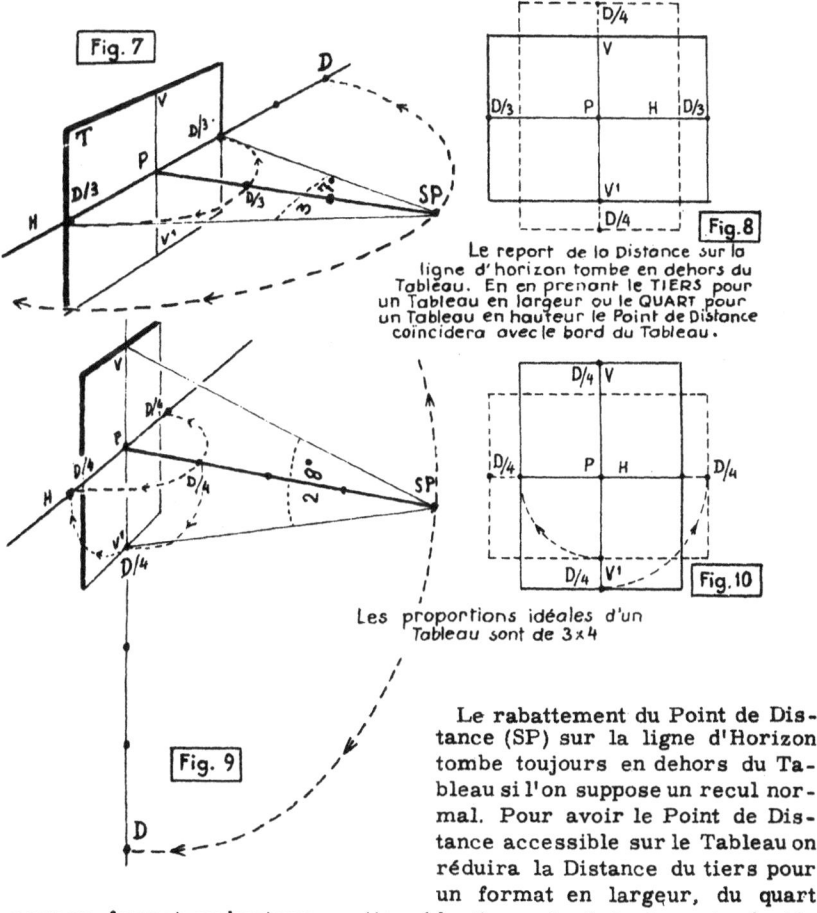

Le report de la Distance sur la ligne d'horizon tombe en dehors du Tableau. En en prenant le TIERS pour un Tableau en largeur ou le QUART pour un Tableau en hauteur le Point de Distance coïncidera avec le bord du Tableau.

Les proportions idéales d'un Tableau sont de 3x4

Le rabattement du Point de Distance (SP) sur la ligne d'Horizon tombe toujours en dehors du Tableau si l'on suppose un recul normal. Pour avoir le Point de Distance accessible sur le Tableau on réduira la Distance du tiers pour un format en largeur, du quart pour un format en hauteur - cette réduction est généralement adoptée pour sa commodité. En effet, il suffira de placer le Point de Distance réduite sur le bord de la feuille (ou Tableau). Cette Distance réduite devenant accessible facilitera la suite des tracés et évitera les déformations qui pourraient être occasionnées par un Point de Distance placé au hasard.

Fig. 7 - Distance et Distance réduite au tiers présentées dans l'espace.

Fig. 8 - Pour un Tableau en largeur la Distance est portée sur le plan d'Horizon puisqu'il s'agit d'un angle optique horizontal.

Fig. 9 - Distance et Distance réduite au quart présentée dans l'espace.

Fig. 10 - Pour un Tableau en hauteur la Distance est portée sur le plan Principal de vision VV1 puisqu'il s'agit de l'angle optique vertical. On peut reporter la Distance réduite au quart sur l'horizon.

Ce point coïncide alors avec le bord latéral d'un Tableau pris en largeur.

PERSPECTIVE DU CARRÉ A UNE ÉCHELLE DONNÉE
EMPLOI DE LA DISTANCE RÉDUITE

Les tracés préliminaires restant à l'intérieur du cadre (ou Tableau)

Tout objet pouvant être inscrit dans une surface ou contenu dans un solide géométrique simple le carré, le cercle, le cube, la pyramide, le cône et le cylindre seront de préférence utilisés pour les prochaines figures.

La mise en perspective d'un objet par les moyens théoriques a souvent pour point de départ un géométral établi à une échelle déterminée. Celle-ci pour la perspective pourra être différente. On en tiendra compte pour reporter sur le Tableau toutes les dimensions du géométral, y compris la hauteur de l'Horizon.

Le Tableau représente le premier plan du dessin, toutes les dimensions qui y sont portées sont dites en "vraies grandeurs".

<u>Fig. 11</u> - Le géométral est exécuté à une échelle donnée - le Tableau est supposé en largeur et le Spectateur est à une fois et demie cette largeur (A B) - le Tableau est ici de la largeur du carré - Si l'on reporte le tiers de la distance sur le tableau on constate que D/3 coincide avec la limite du dessin en B (ou en A) - il en sera toujours ainsi si l'on respecte une ouverture d'angle de 37° (tableau en largeur).

<u>Fig. 12</u> - L'échelle de la perspective est au triple - Toutes les largeurs A, B, M et toutes les hauteurs (prises sur l'élévation, ici il n'y a que l'horizon) seront triplées.

La profondeur du carré BC du géométral sera réduite au tiers (comme la distance) et reportée sur le Tableau (M).

Sur la perspective la profondeur du carré (C) est obtenue à l'intersection de la droite tendue de M vers D/3 avec la fuyante principale B P.

Dans la pratique, la figuration de l'angle optique est inutile, il suffit de placer D/3 ou D/4, suivant le cas, directement sur le bord du Tableau (fig. 8 et 10).

<u>Fig. 13</u> - Cette échelle fuyante, ou dégradation linéaire, s'obtient en partant du carré - Des fuyantes successives vers D/3 répèteront la profondeur du carré jusqu'à l'infini.

<u>Fig. 14</u> - Construction d'un carré vertical perpendiculaire au Tableau - Le côté AB étant donné, on en prendra le tiers (M) qu'on joindra à D/3 reporté sur le plan V V 1 -

<u>N. B.</u> - On remarquera que le point D/3 est à l'aplomb des extrémités A ou B qui figurent, dans le cas présent, les limites extérieures du dessin (ou du Tableau).

VUE DE FRONT. PERSPECTIVE DU CARRÉ

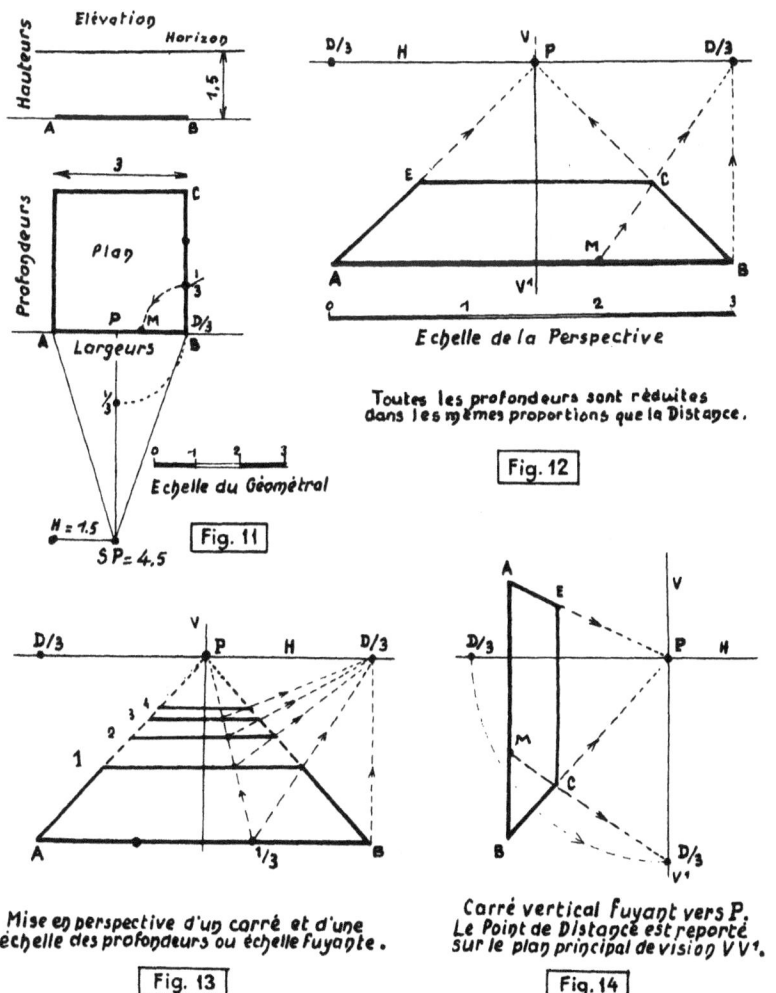

Fig. 11

Fig. 12
Toutes les profondeurs sont réduites dans les mêmes proportions que la Distance.

Fig. 13
Mise en perspective d'un carré et d'une échelle des profondeurs ou échelle fuyante.

Fig. 14
Carré vertical fuyant vers P.
Le Point de Distance est reporté sur le plan principal de vision VV^1.

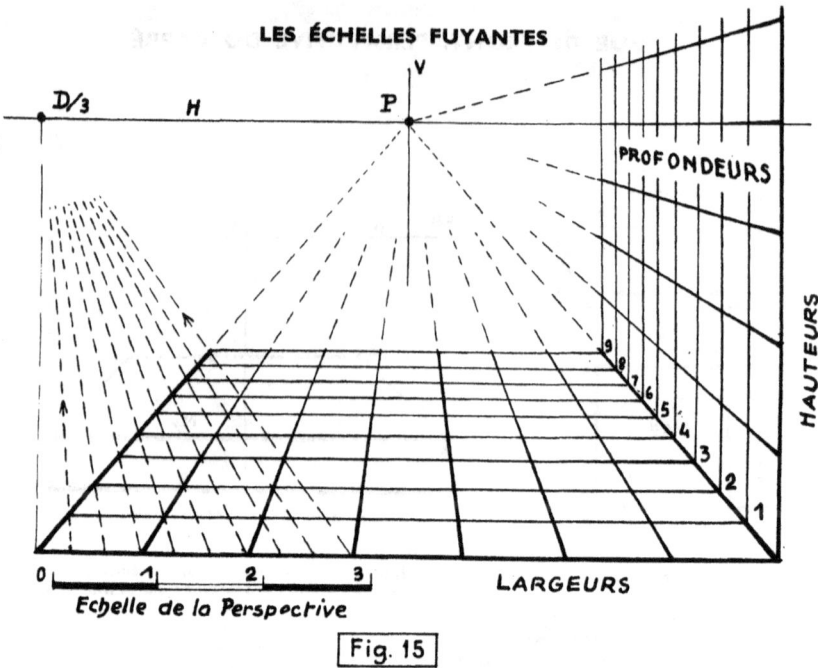

Fig. 15

Fig. 15 - L'échelle fuyante est une droite ou une surface fuyante horizontale, verticale ou oblique divisée en un certain nombre de parties ou de carreaux de dimensions déterminées.

Si la largeur d'un carreau est égale à un mètre, par exemple, le tiers de cette largeur envoyé à D/3 donnera sur la fuyante principale une profondeur égale à un mètre, le deuxième tiers donnera la deuxième profondeur (2 mètres) etc ...

Ainsi que pour la figure précédente D/4 eut été préférable, mais une distance plus courte a été adoptée pour rendre les profondeurs plus lisibles.

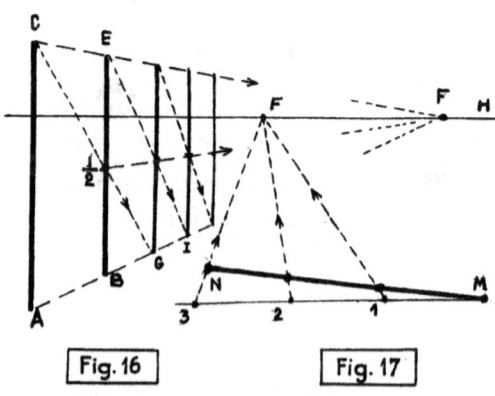

Fig. 16

Fig. 17

Fig. 16 - Les deux verticales A et B étant données, on déterminera un intervalle semblable (G) au moyen de la droite partant de C et passant par le milieu de B E. Même tracé pour les intervalles suivants.

Fig. 17 - La fuyante M N est quelconque. Si l'on envisage de la diviser en trois parties égales, on portera sur l'horizontale de M trois parties égales dont la dernière sera jointe à l'extrémité N et prolongée sur la ligne d'horizon (F). Joindre les autres points 1 et 2 au point F pour obtenir la division de la fuyante M N.

On peut porter sur la frontale de M des parties égales ou proportionnelles.

N. B. - CE TRACÉ AUXILIAIRE EST D'UNE GRANDE UTILITE DANS LA PRATIQUE.

LES ÉCHELLES FUYANTES

Si la place manque sur la frontale A les divisions seront reportées sur une frontale B.

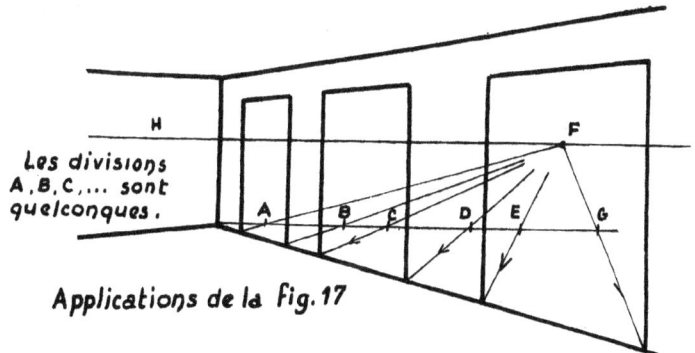

Les divisions A, B, C,... sont quelconques.

Applications de la fig. 17

VUE DE FRONT. ÉCHELLE DES HAUTEURS

Fig. 18 - Le piédestal se présentant en hauteur, on a intérêt à utiliser $\overline{D/4}$ (voir fig. 10) ou, si la place manque comme dans le cas présent, à prendre D/8 et, par conséquent, le 1/8 des profondeurs.

L'échelle de la perspective étant au double de celle du géométral, on doublera la hauteur de l'horizon, ainsi que le côté du carré de base A B - On prendra le huitième de A B.(A B étant ici l'équivalent de la profondeur A E) et en menant une droite à D/8 on obtient l'angle E sur la fuyante A P.

Le carré de base étant établi, tracer les diagonales qui permettront d'établir le petit carré intérieur au moyen de la fuyante C P.

Placer l'échelle des hauteurs sur une verticale située en A, y porter les diverses hauteurs : 1, 2, 3, 4, 5 d'où partiront des fuyantes vers P.

La hauteur 1 est en vraie grandeur et ne pose aucun problème, on remontera simplement les quatre angles extérieurs du carré de base.

Pour la hauteur 2, mener par les angles du petit carré intérieur deux frontales sur la droite fuyante A E (qui correspond à la base de l'échelle des hauteurs) puis les remonter sur la fuyante partant de la hauteur 2 et revenir horizontalement jusqu'aux verticales partant des quatre angles du petit carré -ce qui revient à tracer un plan de front passant par l'angle du petit carré et limité par l'échelle des hauteurs 2.

Le tracé est le même pour la partie supérieure du piédestal avec les hauteurs 3, 4 et 5 qui utilisent le même plan que pour la partie inférieure.

VUE DE FRONT. ÉCHELLE DES HAUTEURS

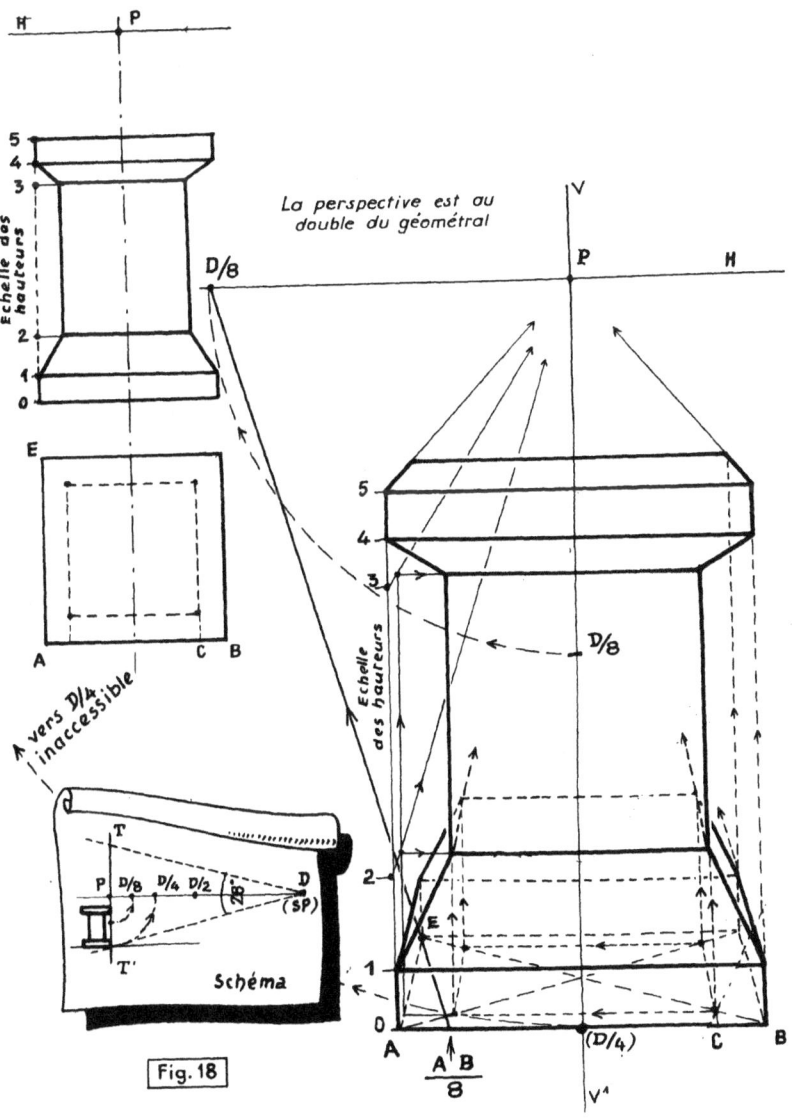

Fig. 18

VUE D'ANGLE. ÉCHELLE DES HAUTEURS

Fig. 19 - Le parallélépipède se présente obliquement - Son côté droit faisant un angle de 30° avec le Tableau - L'angle A est figuré au premier plan, donc tangent au Tableau (géométral).

Les quatre angles de base sont projetés perpendiculairement sur le Tableau et reportés sur la droite T T 1 de la perspective, en tenant compte de l'agrandissement de celle-ci (au triple) - On joindra les points B1, C1, D1 à P sur l'Horizon. Ces droites figurent, en perspective, des perpendiculaires au Tableau.

Les profondeurs du géométral, telle que B1 B, seront portées sur la perspective B1 B, C1 C, D1 D et les droites menées à D/3 donneront à leur intersection avec les droites principales les quatre angles de la base B2, C2, D2. L'angle A est vu, ici, en vraie grandeur. On peut utiliser, suivant les besoins, l'un des deux points D/3.

L'échelle des hauteurs peut être portée sur l'arête A E qui est en vraie grandeur - La diagonale du rectangle de base (A C 2) prolongée sur l'Horizon (et qui donnera le point F) deviendra la base de cette échelle formée par le plan fuyant A E F.

L'arête A E a trois fois la hauteur de l'élévation.

De l'angle D 2, un plan de front limité en L et M, donnera la hauteur E 1. Même tracé pour l'angle opposé.

Remarque - Pour cette figure, comme pour la plupart des suivantes, l'Horizon a été placé assez haut et le Point de Distance volontairement rapproché (ici D/3 au lieu de D/4) pour bien dégager l'image du plan et en rendre plus compréhensible le tracé.

On notera que le géométral étant au tiers de l'échelle de la perspective, il a suffit, avec l'emploi de D/3, de prendre les profondeurs sur le géométral et de les reporter sur la perspective.

VUE D'ANGLE. ÉCHELLE DES HAUTEURS

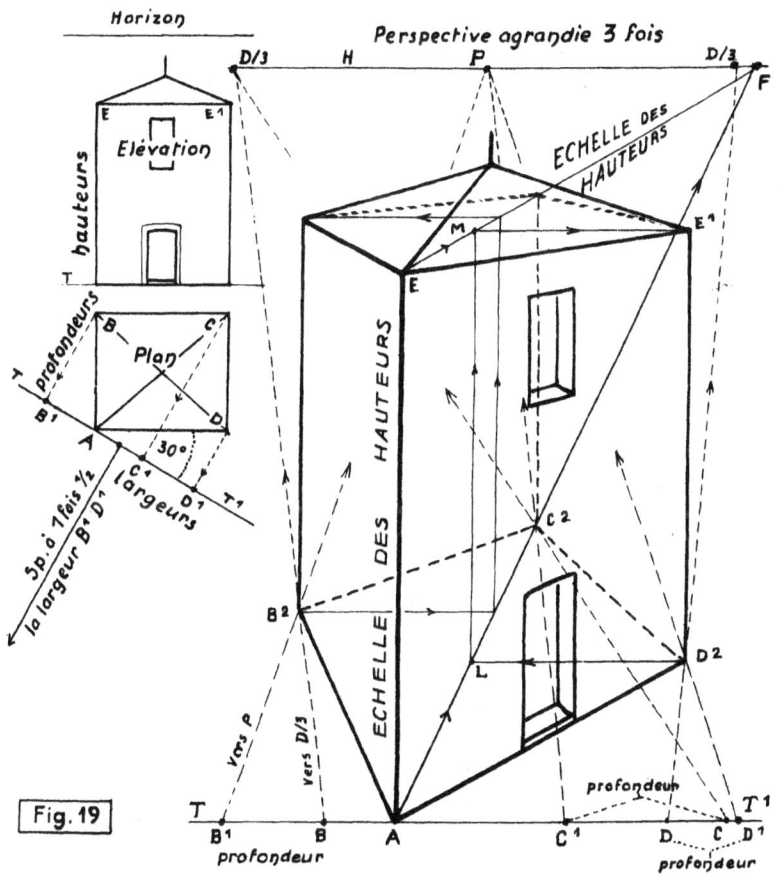

Fig. 19

L'ÉCHELLE DES HAUTEURS APPLIQUÉE AU PAYSAGE

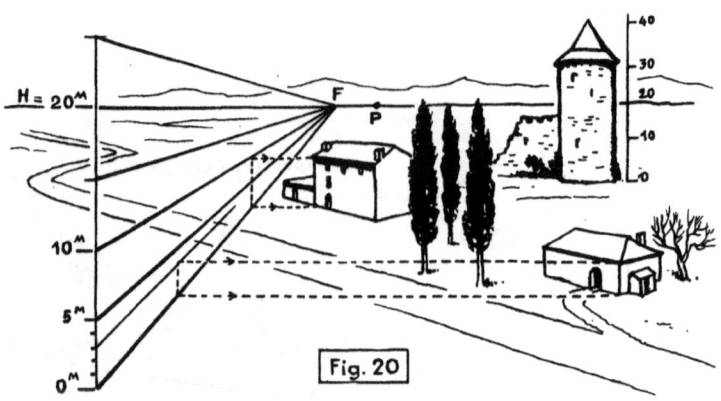

Fig. 20 - Si l'on suppose : 1° un terrain plat, 2° un Spectateur situé à 20 mètres au-dessus du sol, on établira une échelle des hauteurs sur une verticale qui sera divisée en 20 parties entre le sol et l'horizon. On portera les divisions obtenues au-dessus de l'horizon (la tour atteint ici une hauteur de 40 mètres). Cette échelle des hauteurs pourra être établie une fois pour toutes sur le côté du dessin en la faisant fuir jusqu'à l'horizon (F). On utilisera les plans frontaux pour déterminer la hauteur des divers éléments (3 m et 10 m pour les maisons, 20 m pour les peupliers).

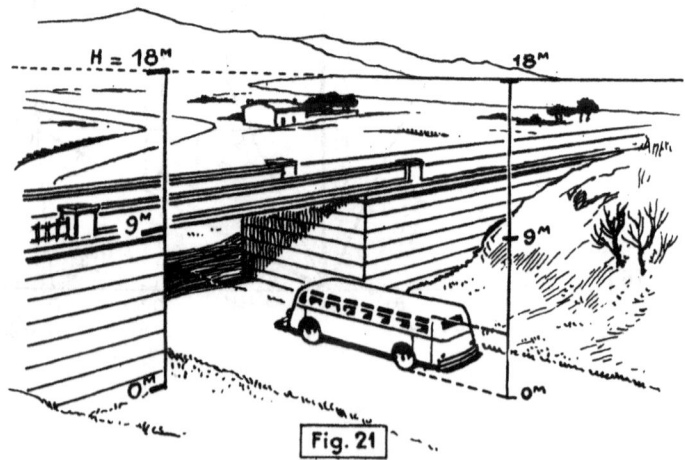

Fig. 21 - Le spectateur est ici à 18 mètres de hauteur - le pont fait 9 mètres de haut (l'échelle des hauteurs part de la base du pont jusqu'à l'horizon et peut être graduée) - une seconde échelle est établie pour l'autocar, afin de lui donner une hauteur convenable par rapport aux autres éléments du paysage.

On peut calculer que la hauteur totale de la maison du fond est de 9 mètres, le toit se situant, à peu de chose près, entre le sol et l'horizon.

Au bord de la mer, la ligne d'horizon est matérialisée par l'horizon marin.

N. B. - L'échelle des hauteurs peut se situer en n'importe quel point du dessin.

TRACÉ DIRECT. LE TABLEAU EST EN AVANT DU PLAN

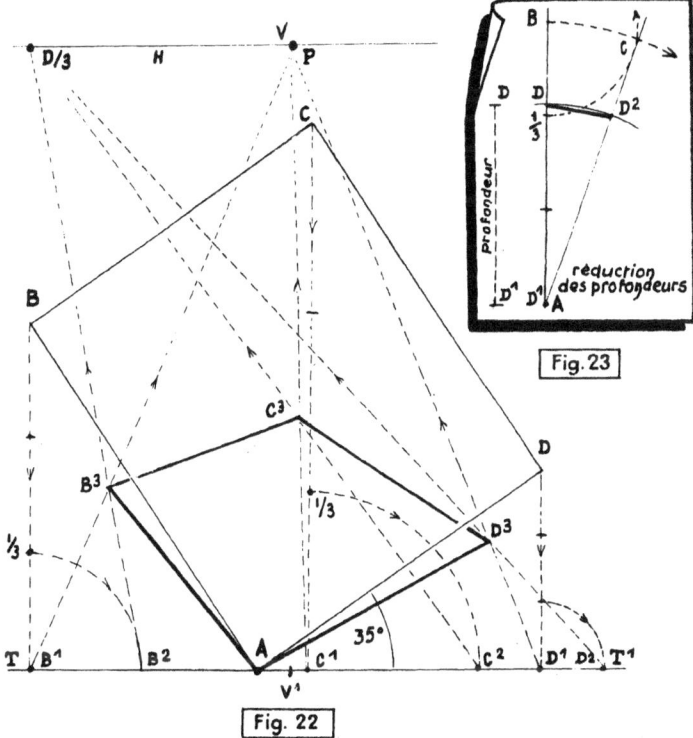

Fig. 22 - La méthode directe ou méthode du rabattement est une variante de la fig.19. Le plan est ici dessiné directement sur l'épure à une échelle déterminée et dans la position voulue par rapport au Tableau. L'angle A est présenté au premier plan et à gauche du plan V V 1, le petit côté du rectangle fuit à droite et fait un angle de 35° avec le Tableau.

On place l'Horizon en respectant la même échelle - le point P est normalement au milieu de la largeur totale de l'objet, soit entre les points extrêmes B et D.

La distance réduite, D/3, se mettra sur la verticale limitant le Tableau (D/4 serait recommandable, mais le rapprochement de la Distance rend le plan plus lisible).

Projeter sur le Tableau (T T 1) chaque point du plan B en B1, joindre à P rabattre le tiers de la profondeur B B 1 en B2 et joindre à D/3. L'intersection de ces deux droites donnera l'image de B en B3 - Même tracé pour les autres angles, sauf A qui, situé en vraie grandeur sur le Tableau sert de pivot au rabattement.

Fig. 23 - On obtiendra rapidement la réduction des profondeurs au moyen du tracé suivant : prendre le tiers d'une droite quelconque A B et déterminer le point C au moyen des deux arcs ayant d'une part pour rayons la droite A B et d'autre part le tiers de cette droite. Joindre C à A et prolonger au besoin ces deux droites. Pour avoir, par exemple, le tiers de la profondeur D 1 D, porter au compas cette dimension sur la droite A B et tracer l'arc D D 2, la corde sera le tiers de la profondeur D D 1.

Ce procédé peut être utilisé pour n'importe quelle réduction à condition toutefois de diviser la droite A B en deux, trois, quatre, etc ... parties égales. C'est une échelle de réduction.

TRACÉ DIRECT. L'ÉCHELLE DES HAUTEURS

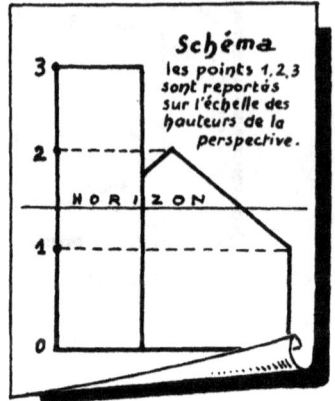

Schéma les points 1, 2, 3 sont reportés sur l'échelle des hauteurs de la perspective.

Fig. 24 - L'image du plan étant effectuée (voir fig. 22) les hauteurs 1, 2, 3 sont portées en "vraies grandeurs" (au plan du Tableau) sur le plan vertical fuyant vers P.
La droite 0 P représente la base de l'échelle des hauteurs (celle-ci peut fuir vers un tout autre point fig. 20).
Les points dans l'espace sont obtenus par un plan frontal passant par le point intéressé du plan perspectif et limité par l'échelle des hauteurs.

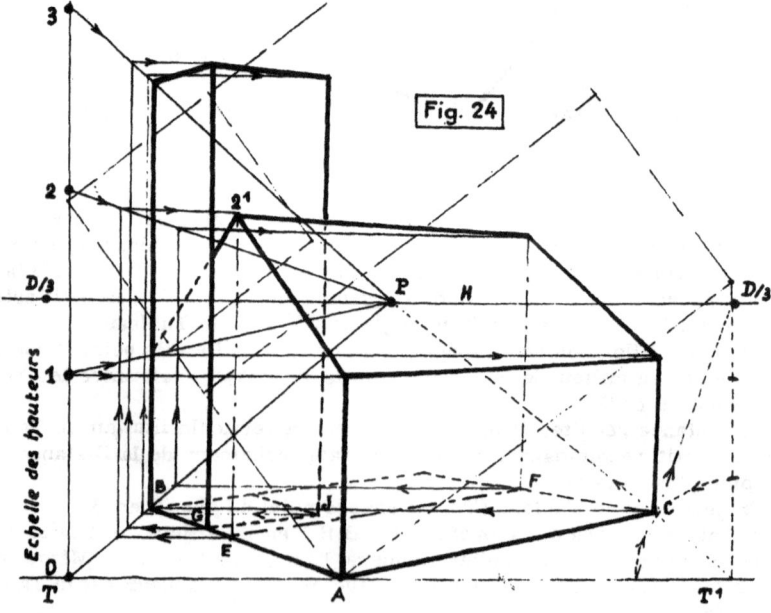

Ex : pour le pignon de la façade, le plan de front passera par E jusqu'à la base de l'échelle des hauteurs (0 P), à la fuyante 2 il reviendra jusqu'à la verticale de E, soit 2 1.
L'angle A est vu, ici, en "vraie grandeur" et sa hauteur sera celle de l'échelle des hauteurs 0 1 et à l'échelle de la perspective.

TRACÉ DIRECT.
POSITION DU TABLEAU PAR RAPPORT A L'OBJET

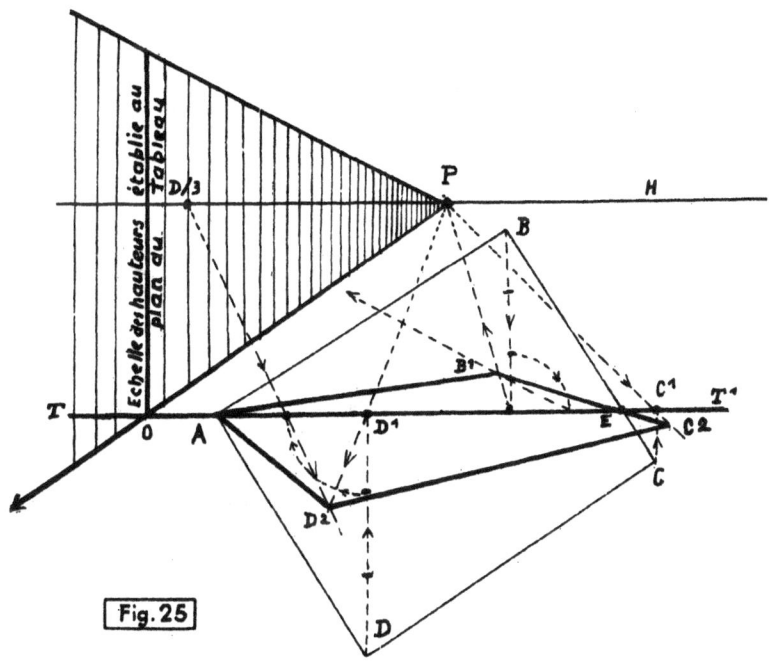

Fig. 25

Fig. 25 - Le Tableau ne se situe pas obligatoirement devant l'objet comme dans les tracés précédents, il peut être derrière l'objet, ou couper celui-ci comme dans le cas présent où le Tableau passe par l'angle A du géométral. Ce point A est vu en vrai grandeur et c'est sur un point quelconque (0) du Tableau qu'on établira l'échelle des hauteurs à l'échelle du géométral. On la fera venir en avant du Tableau car le géométral pivotera autour du Tableau T, T1.

L'angle B aura sa perspective en B 1. L'angle D situé en avant du Tableau sera remonté sur la frontale (D1) par ou passera une fuyante venant de P qui sera prolongée en deçà du Tableau. Par le tiers de la profondeur D, D1 rabattue sur la charnière T, T 1, tracer la droite venant de D/3 jusqu'à la fuyante P D 1 prolongée, l'intersection donnera l'angle D 2. (Remarque ; les profondeurs sont portées sur la charnière T T 1 du côté où se situe D/3 - on les porte du côté opposé quand le point est situé au delà du Tableau).

Le côté B C du plan géométral a un point situé en vraie grandeur en E (Intersection avec le Tableau) Sa perspective passera obligatoirement par ce point - il suffit de tracer une droite de B 1 passant par E pour connaître sa direction fuyante, puis porter C en C 1, mener une fuyante de P qui donnera à son intersection avec la droite B 1 E l'image de l'angle C en C 2.

TRACÉ DIRECT. LE TABLEAU COUPE LE PLAN

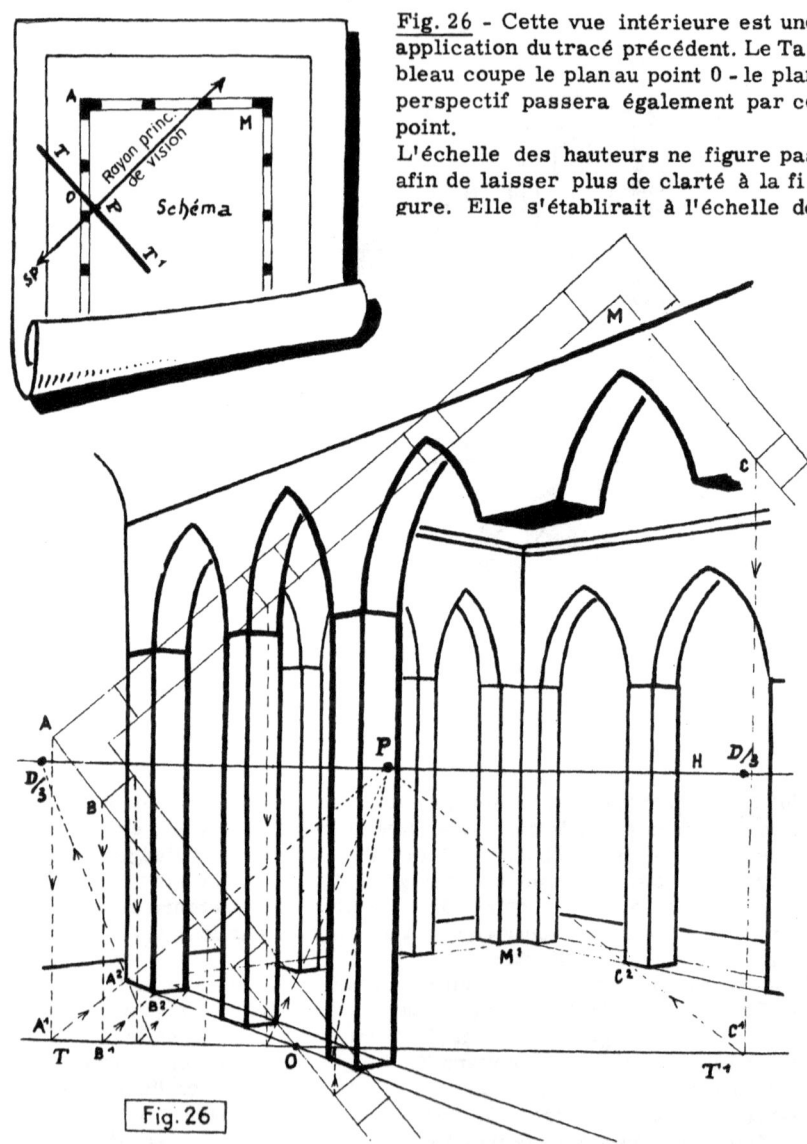

Fig. 26 - Cette vue intérieure est une application du tracé précédent. Le Tableau coupe le plan au point 0 - le plan perspectif passera également par ce point.

L'échelle des hauteurs ne figure pas afin de laisser plus de clarté à la figure. Elle s'établirait à l'échelle de la perspective sur la frontale T T 1 (voir fig. 25).

On remarquera sur le schéma que le rayon principal de vision passe par deux piliers, on retrouvera cette caractéristique sur la perspective (P).

TRACÉ DIRECT. LE TABLEAU EST DERRIÈRE LE PLAN

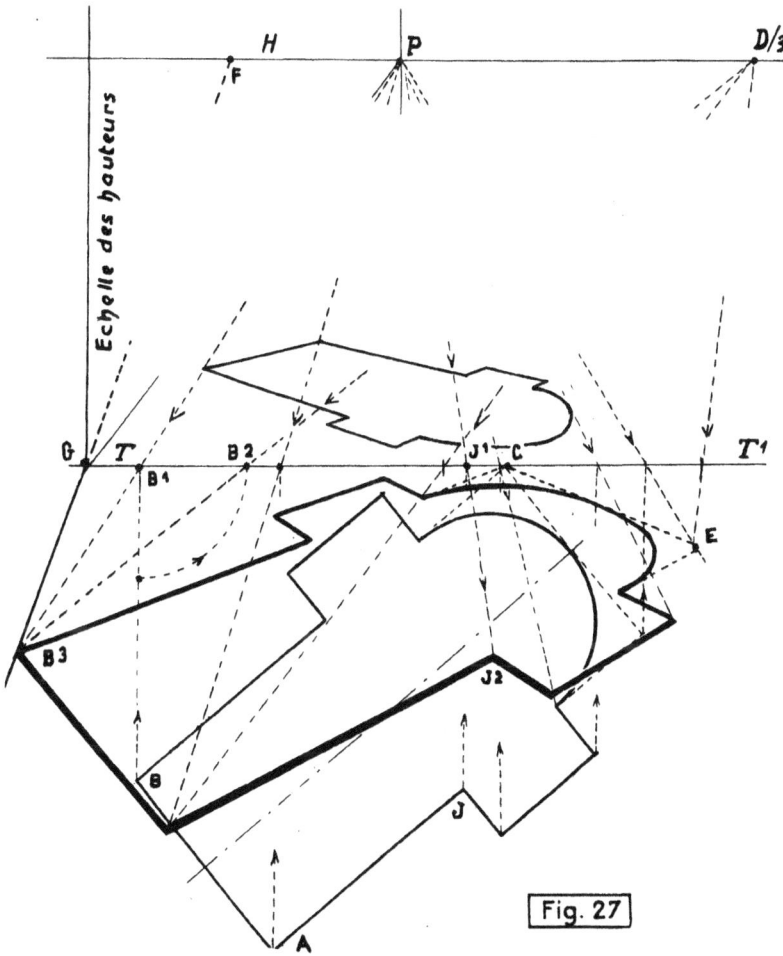

Fig. 27 - La position du Tableau par rapport au plan est variable. Si le Tableau est en avant du plan celui-ci, par l'effet du rabattement, se trouve en perspective en arrière du Tableau et son éloignement rapetisse l'image. Si le Tableau coupe le plan (fig. précédente) celui-ci pivote autour de la charnière, une partie du plan s'éloigne mais l'autre se rapproche. Si le Tableau est derrière le plan, comme sur cette figure, le plan se relève en avant du Tableau et l'image, au premier plan prend toute son importance. Cette disposition équivaut à un rapprochement de la Distance. On verra sur cet exemple le résultat obtenu dans les deux cas extrêmes.

L'échelle des hauteurs est portée sur le Tableau en un point quelconque (G). Son point de fuite (F) est également quelconque.

L'avantage de cette disposition est d'avoir une perspective très lisible sans avoir un plan encombrant. Son inconvénient est d'avoir une perspective parfois exagérée.

LA SUPERPOSITION DES OBJETS ET L'IMBRICATION DES PLANS

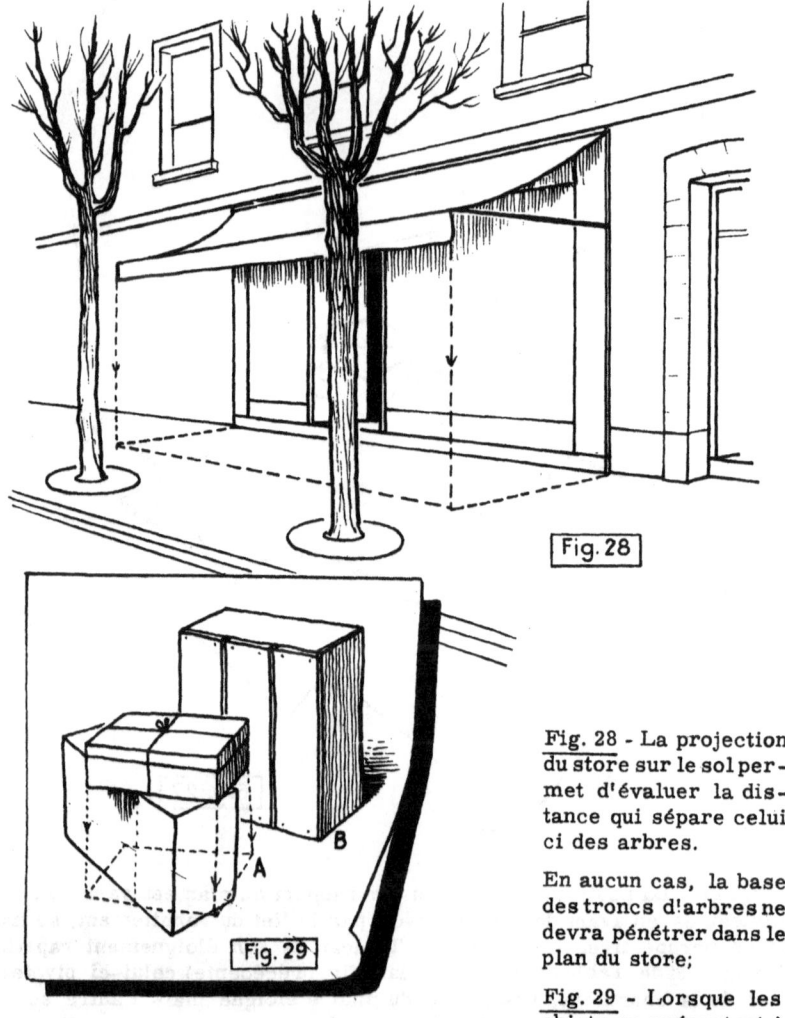

Fig. 28

Fig. 29

Fig. 28 - La projection du store sur le sol permet d'évaluer la distance qui sépare celui-ci des arbres.

En aucun cas, la base des troncs d'arbres ne devra pénétrer dans le plan du store;

Fig. 29 - Lorsque les objets se présentent à des hauteurs différentes, on a intérêt à rechercher, même succinctement, l'emplacement des divers plans pour éviter des erreurs grossières de logique comme par exemple certains plans qui se superposeraient au lieu de se juxtaposer.

La base de la boite B ne doit pas s'imbriquer dans le plan de la boite A.

PERSPECTIVE DU CERCLE

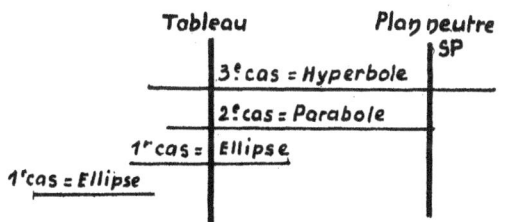

LES DIFFÉRENTES POSITIONS DU CERCLE

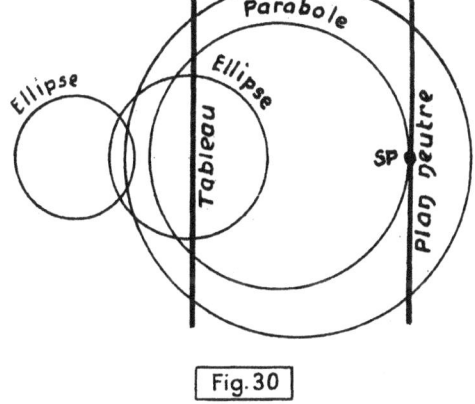

Fig. 30

La perspective du cercle est généralement une ellipse, mais suivant sa position par rapport au Tableau, elle peut être aussi une parabole ou une hyperbole.

Fig. 30 - Figuration de profil et en plan des différentes positions que peut occuper un cercle par rapport au Tableau. Dans le premier cas, il est nettement en avant du Tableau ou coupé par celui-ci et son image apparait sous la forme d'une ellipse. Dans le deuxième cas, le bord du cercle est tangent au plan neutre et sa perspective donne une parabole. Dans le troisième cas, le cercle passe à la fois par le plan du Tableau et le plan neutre, (c'est-à-

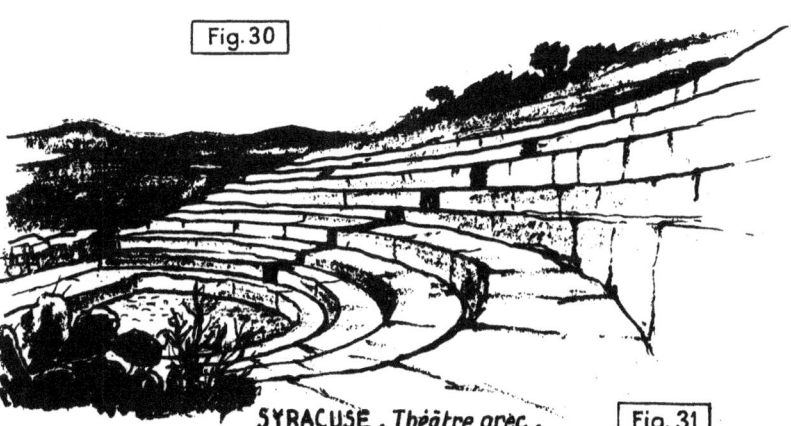

SYRACUSE . Théâtre grec . Fig. 31

dire que le spectateur est à l'intérieur du cercle) et sa perspective donne une hyperbole.

Fig. 31 - Les différents aspects perspectifs du cercle (ou du demi-cercle) peuvent être apparents à un spectateur qui serait à la fois à l'extérieur, au bord ou à l'intérieur de cercles concentriques comme le montre cette figure.

PERSPECTIVE DU CERCLE

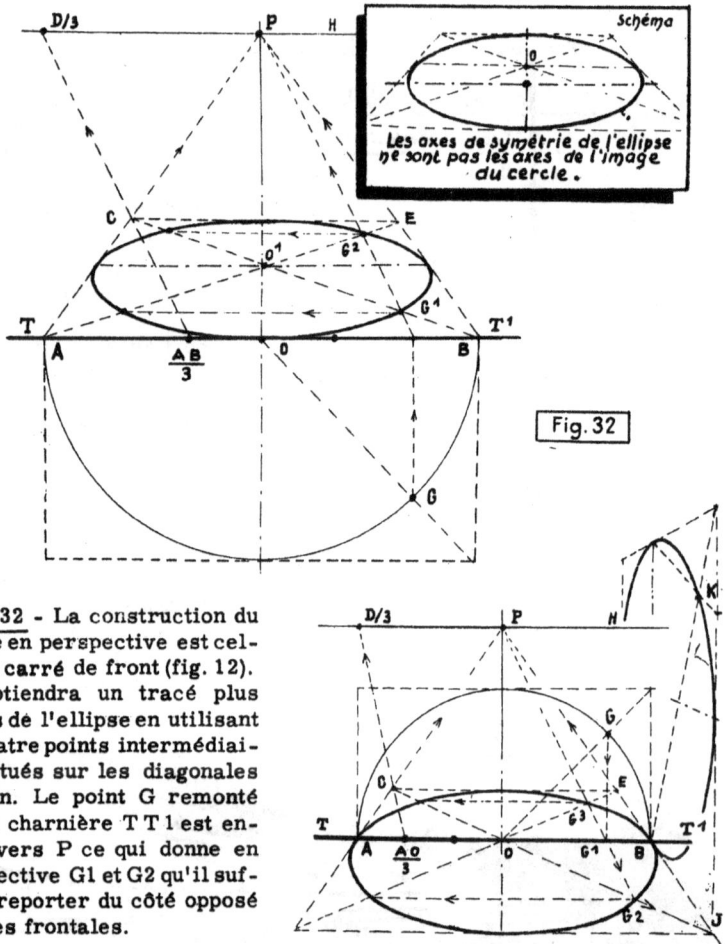

Fig. 32 - La construction du cercle en perspective est celle du carré de front (fig. 12). On obtiendra un tracé plus précis de l'ellipse en utilisant les quatre points intermédiaires situés sur les diagonales du plan. Le point G remonté sur la charnière T T 1 est envoyé vers P ce qui donne en perspective G1 et G2 qu'il suffit de reporter du côté opposé par des frontales.

Fig. 33 - On peut aussi, non pas calculer l'échelle de la perspective au bord du cercle comme ci-dessus, mais sur le diamètre du cercle qui devient alors le Tableau (fig. 25). Tracer d'abord les fuyantes principales AP et BP, prendre le tiers du rayon A 0 pour obtenir l'angle C (et E) - la diagonale C 0 prolongée donnera l'angle J - le point intermédiaire G est descendu sur la charnière et de G 1 une fuyante à P donne G2 et G3. Le cercle vertical fuyant perpendiculairement au Tableau est obtenu en reportant sur le plan vertical tous les points du carré horizontal. On y trouvera une autre manière d'obtenir les points intermédiaires (K).

Schéma - Les axes du cercle, présentés en perspective, ne sont pas les axes de symétrie de l'ellipse et le centre 0 n'est pas le centre géométrique de l'ellipse.

ARCADES FUYANTES PERPENDICULAIRES AU TABLEAU

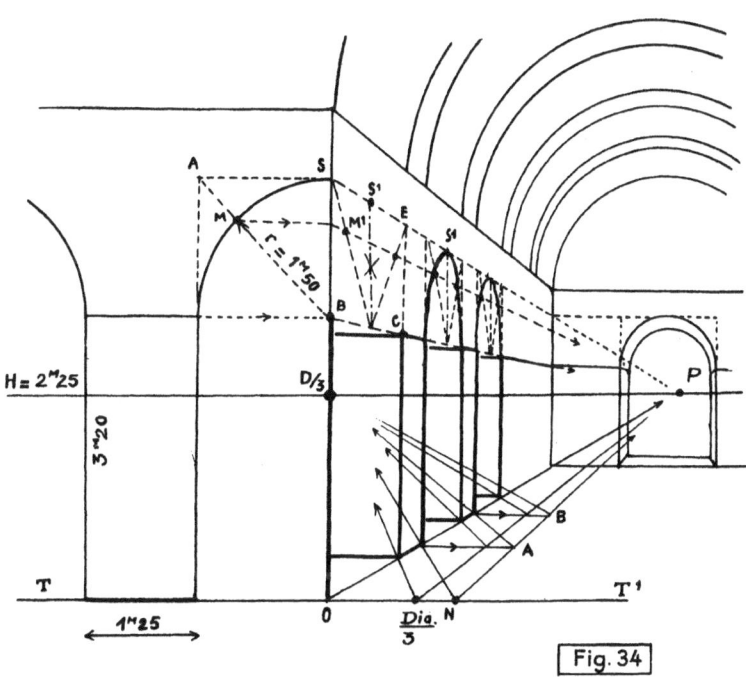

Fig. 34

Fig. 34 - L'élévation des arcades étant donnée, on situera l'Horizon à 2,25 m par exemple à l'échelle du géométral.

La base des arcades fuira vers P, puisque ce plan est perpendiculaire au Tableau, D/3 est mis sur le côté du Tableau.

Du point 0, on portera le tiers du diamètre de l'arcade (Dia) auquel on ajoutera le tiers de la largeur du pilier (N).

De ces points, des fuyantes à D/3 détermineront les profondeurs des arcades et des piliers sur la fuyante principale 0 P. - Les frontales A B serviront à reporter les profondeurs.

Pour les arcades tracer la médiane S 1 et les diagonales destinées à recevoir les points intermédiaires : M sur l'élévation et M 1 sur le plan fuyant.

L'échelle des hauteurs, en 0, est obtenue directement sur l'élévation des arcades l'échelle étant la même.

N. B. - Seule la moitié de l'image figure ici, car le point P ne peut normalement être situé sur le bord du dessin.

CYLINDRE HORIZONTAL FUYANT

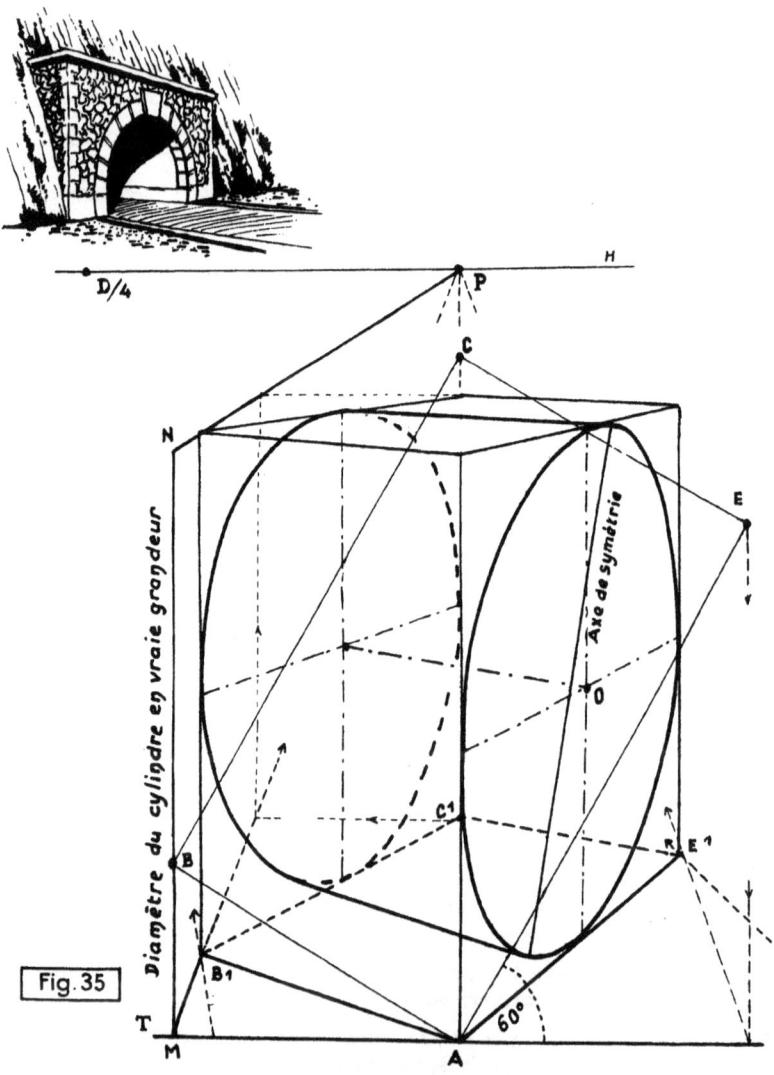

Fig. 35 - Le devant du cylindre fuit vers la droite et fait un angle de 60° avec le Tableau.

La perspective du cylindre s'établira au moyen du solide enveloppant (voir fig. 22 et 19).

Les médianes des carrés circonscrits aux cercles donneront les points de tangence de l'ellipse.

On remarquera que l'axe de symétrie de l'ellipse ne passe pas par le centre perspectif 0.

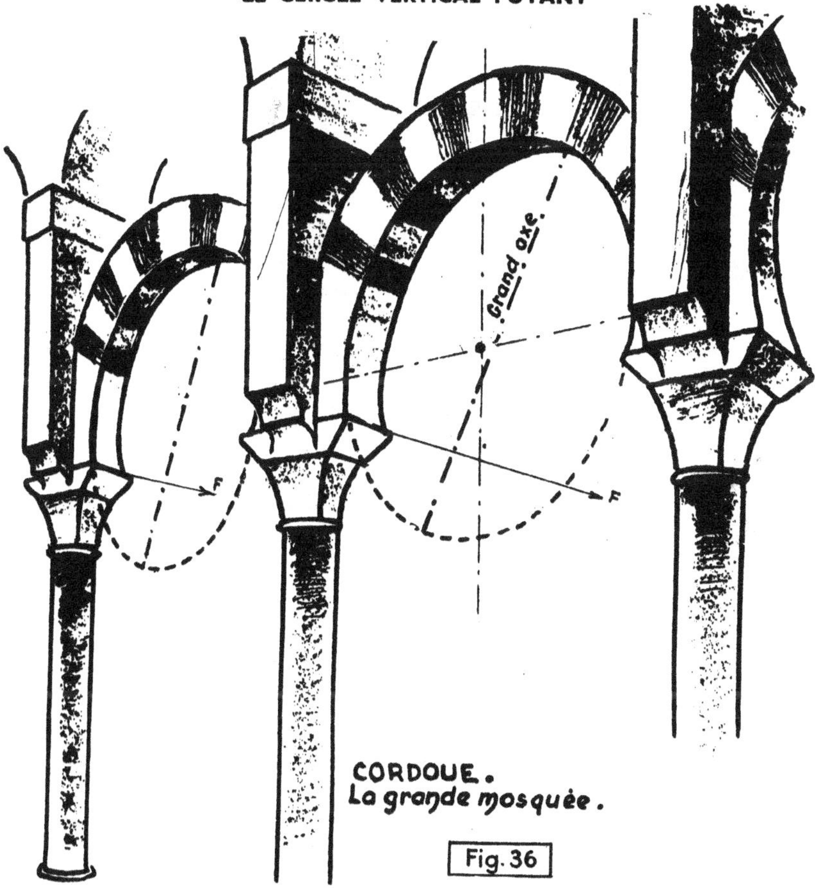

LE CERCLE VERTICAL FUYANT

CORDOUE.
La grande mosquée.

Fig. 36

<u>Fig. 36</u> - Application de la figure précédente - On aura intérêt pour une image demi-circulaire à esquisser entièrement l'ellipse et à la considérer en elle-même.

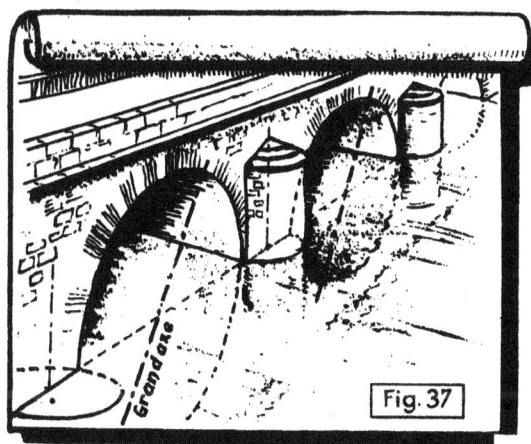

Fig. 37

Le centre perspectif du cercle est distinct du centre géométrique de l'ellipse.

<u>Fig. 37</u> - Dans la pratique, on ne tient guère compte de l'inclinaison légère que prendrait avec une construction théorique le grand axe des ellipses horizontales des culées du pont situées de part et d'autre du plan principal de vision.

LE DEMI-CERCLE HORIZONTAL ET VERTICAL

Fig. 38 - L'image étant établie dans ses grandes lignes, les carrés circonscrits aux cercles étant déterminés ainsi que les points médians des carrés, on situera les points intermédiaires sur les diagonales de la façon suivante : <u>Cercle horizontal</u> : Tracer un demi-cercle frontal de diamètre quelconque T T 1, en partant de l'angle T 1 - Du point T, une droite

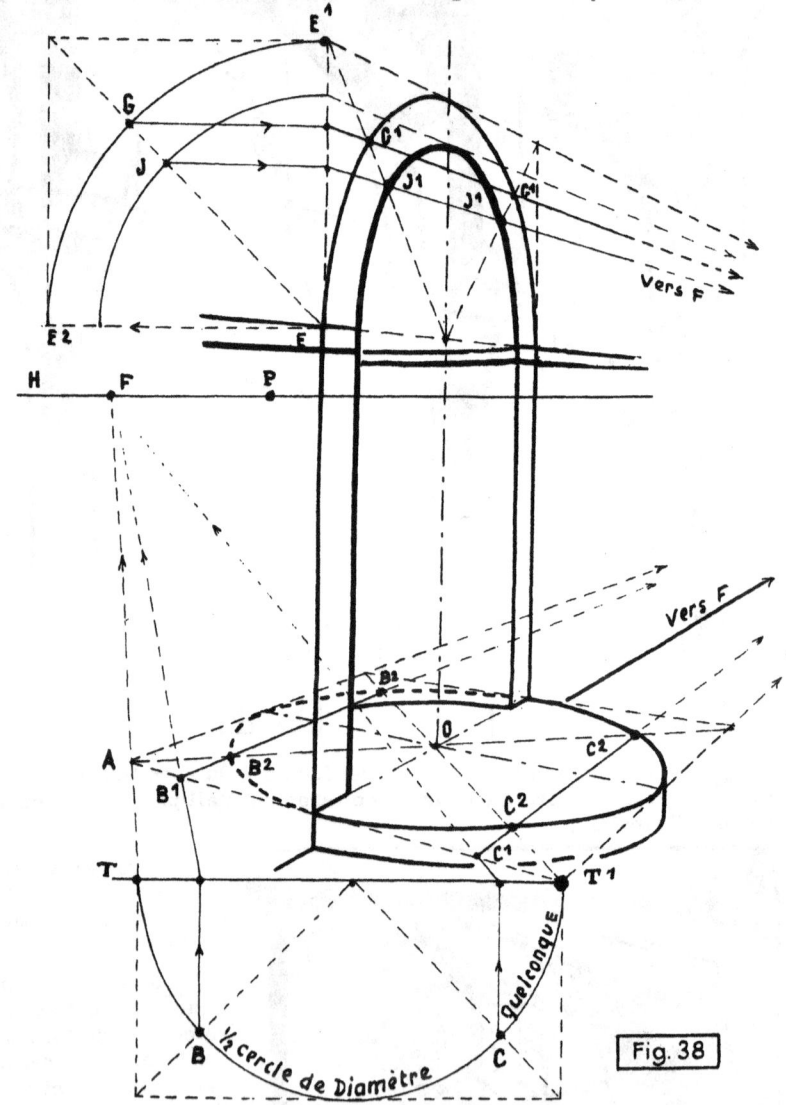

Fig. 38

passant par l'angle A donnera F sur l'horizon, on y joindra les points B et C - De B 1 et C 1 des parallèles perspectives au carré de base donneront sur les diagonales de celui-ci les points intermédiaires B 2 et C 2.
<u>Cercle vertical</u> - Un quart de cercle frontal E, E 1, E 2 et le carré circonscrit donneront sur la diagonale les points G et J -
Ceux-ci ramenés sur la frontale E, E1 seront envoyés vers F et donneront G 1 et J 1 sur les diagonales perspectives.

LE CERCLE HORIZONTAL

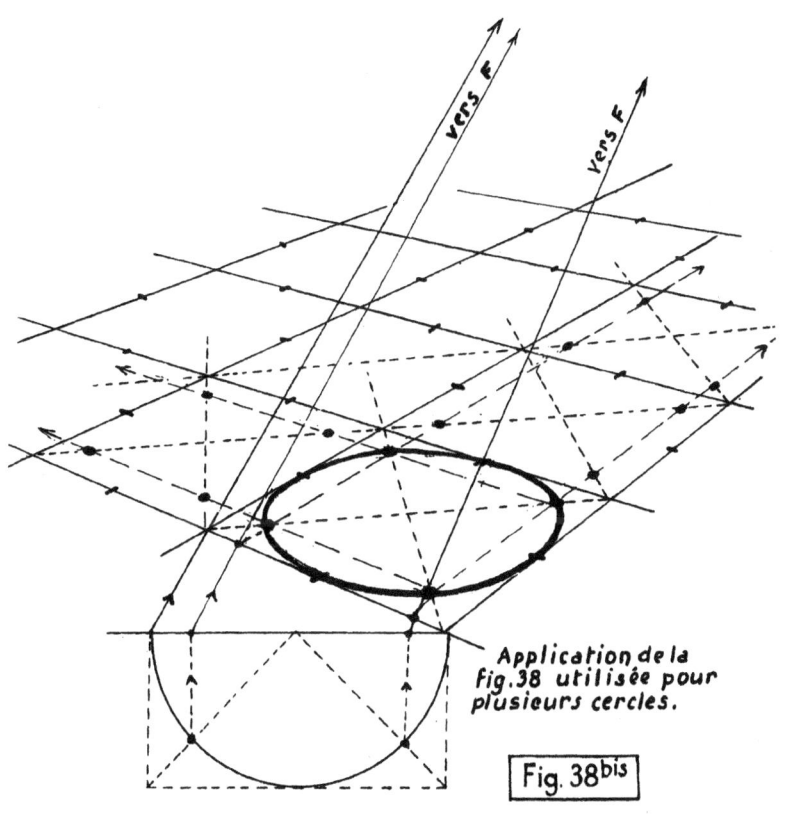

Application de la fig. 38 utilisée pour plusieurs cercles.

Fig. 38 bis

LES DIVISIONS DU CERCLE

Fig. 39 - Cette figure renferme deux problèmes :

1° - La construction du carré circonscrit au cercle fuyant vers un point F quelconque - Le diamètre du cercle est égal au côté du carré A B - On connait l'horizon et les points P et D/3.

Le plan fuyant vertical étant quelconque (vers F) rechercher le point D/3 accidentel particulier à ce plan fuyant quelconque en reportant D/3 sur le plan V V1, soit D/3 1, puis avec F comme centre rabattre ce point sur le plan de fuite vertical passant par F, soit D/3 2 -

Prendre le tiers du côté A B, envoyer une fuyante à D/3 2 pour obtenir la profondeur D - Tracer les médianes et l'ellipse.

2° - Tracé des divisions (claveaux ou rayons) - Sur une horizontale partant de A faire un demi-cercle de diamètre quelconque A E qui recevra les divisions (1, 2, 3...) Ces points seront remontés sur la charnière A E - Joindre E à D, cette droite prolongée donnera sur l'horizon le point F 1 qui sera le point de convergence de toutes les fuyantes émanant de la charnière. Ces fuyantes, à leur intersection avec la droite A D seront remontées verticalement et donneront l'emplacement des divisions sur l'ellipse (ici, les points 2 et 6 peuvent servir, sur les diagonales, de points supplémentaires pour le tracé de l'ellipse).

On peut aussi porter les divisions du cercle sur le quart de cercle frontal construit sur le côté du carré C D qui sert dans ce cas de charnière.

Fig. 40 - On utilisera les mêmes points P et D/3 que précédemment pour la construction du carré circonscrit au cercle - le côté du carré qui correspond au diamètre du cercle horizontal est figuré en vraie grandeur sur le Tableau T.

Un rayon A figuré sur le géométral aura son image en A 1 - Il sera obtenu par la perpendiculaire au Tableau qui devient sur la perspective une fuyante vers P et qui coupe l'ellipse (A 1 ou A 2).

LES DIVISIONS DU CERCLE

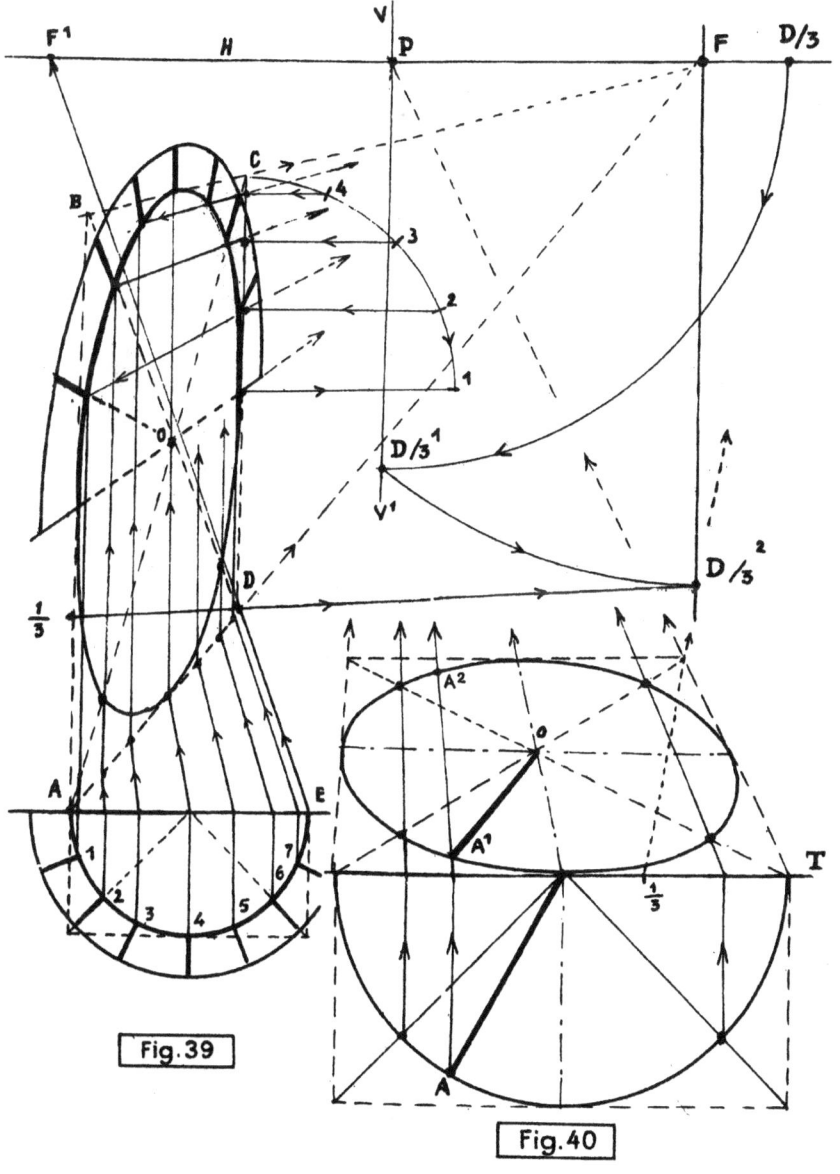

Fig.39

Fig.40

LA DIVISION DU CERCLE. LES CERCLES EXCENTRIQUES

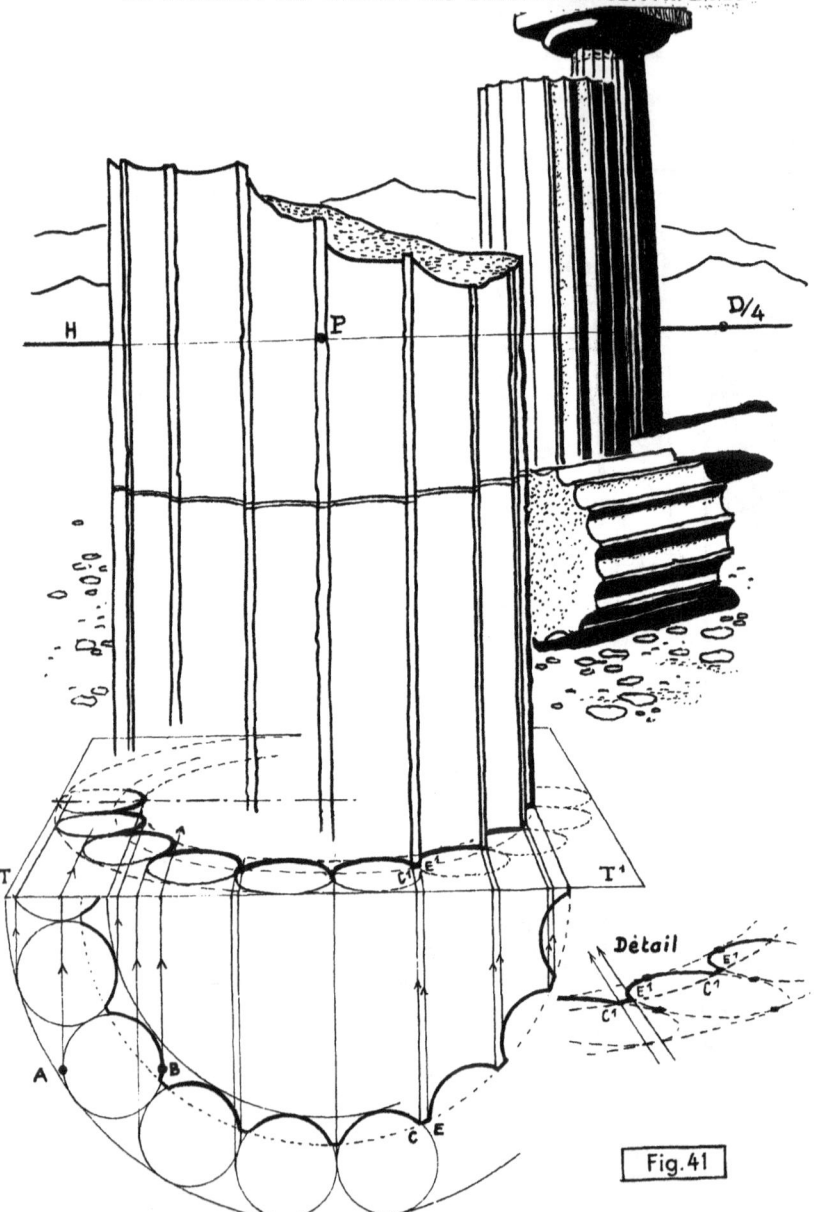

Fig. 41 - Après avoir mis les cercles concentriques en perspective (fig. 40) porter sur les ellipses les deux tangentes perpendiculaires au Tableau et tangentes aux cercles des cannelures (A et B) elles permettront d'inscrire très rapidement et avec une précision suffisante l'image des petits cercles qui seront tangents, d'une part, à ces deux parallèles, d'autre part, aux deux cercles concentriques de la base de la colonne. Les points C et E pourront être remontés sur la charnière T T 1 et envoyés à P. Ils auront leur image sur l'ellipse intermédiaire (détail).

LA DIVISION DU CERCLE. LES CERCLES EXCENTRIQUES

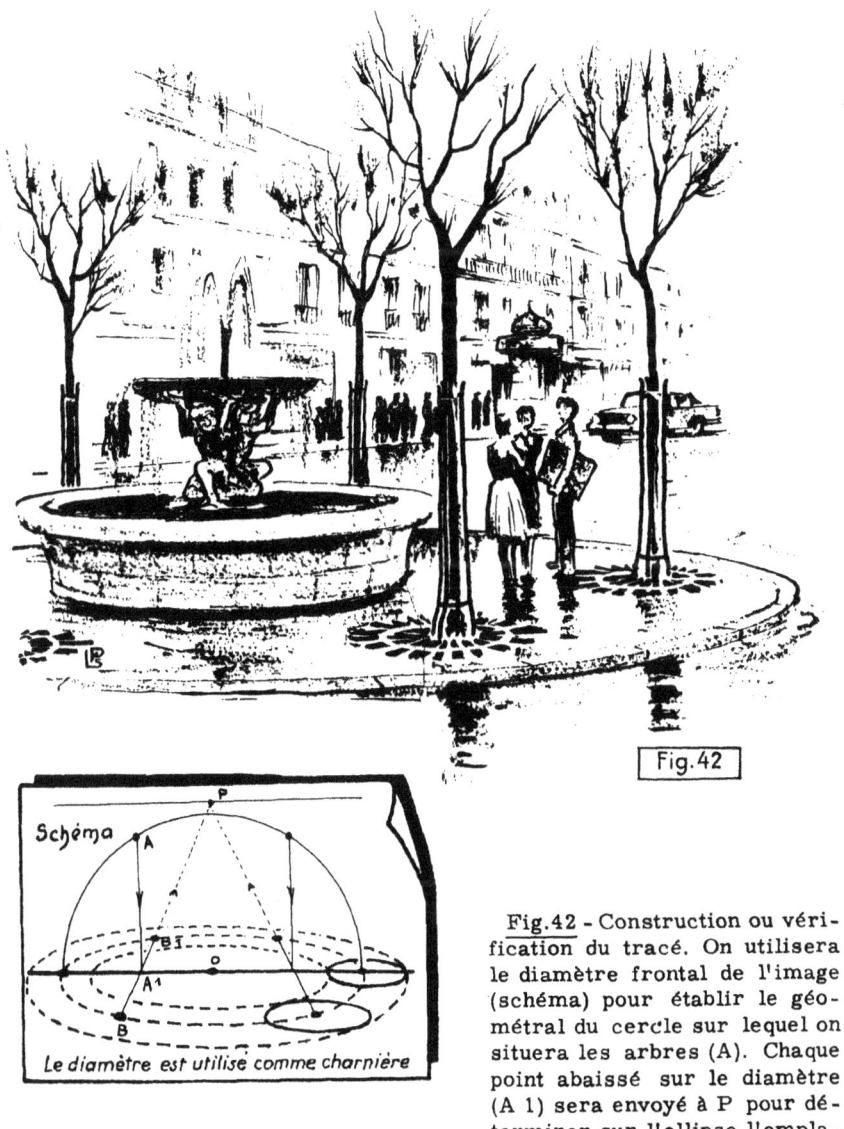

Fig.42

Schéma

Le diamètre est utilisé comme charnière

Fig.42 - Construction ou vérification du tracé. On utilisera le diamètre frontal de l'image (schéma) pour établir le géométral du cercle sur lequel on situera les arbres (A). Chaque point abaissé sur le diamètre (A 1) sera envoyé à P pour déterminer sur l'ellipse l'emplacement des arbres (B, B1).

Pour le cas où l'image des arbres serait donnée, la vérification de leur emplacement est possible par le tracé inverse - On joint par des fuyantes chaque arbre à P et à leur rencontre avec le diamètre A 1, on remonte les fuyantes sur le cercle géométral.

DIVISION D'UN CERCLE INCLINÉ

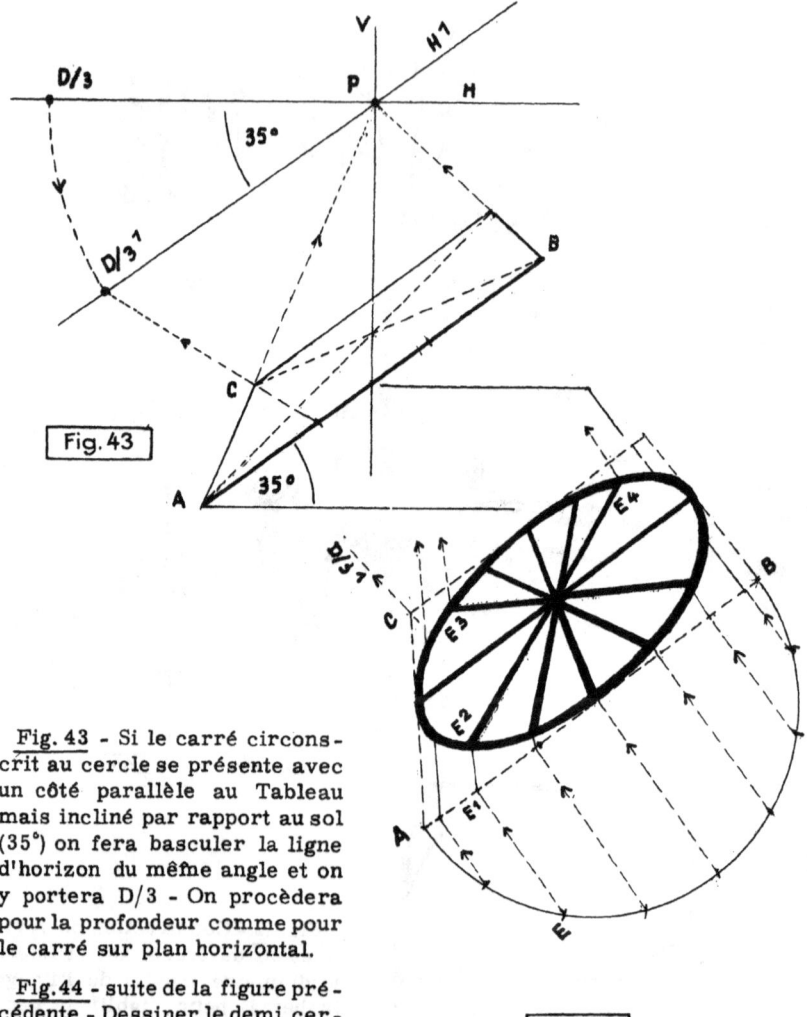

Fig. 43 - Si le carré circonscrit au cercle se présente avec un côté parallèle au Tableau mais incliné par rapport au sol (35°) on fera basculer la ligne d'horizon du même angle et on y portera D/3 - On procèdera pour la profondeur comme pour le carré sur plan horizontal.

Fig. 44 - suite de la figure précédente - Dessiner le demi cercle géométral soit sur le côté A B soit sur la médiane, porter les divisions qui seront ramenées sur A B (ou sur la médiane) et les faire converger vers P (E, E 1, E 2, E 3). On pourra utiliser le centre pour obtenir les divisions diamétralement opposées (E 2, E 4).

CERCLE INCLINÉ

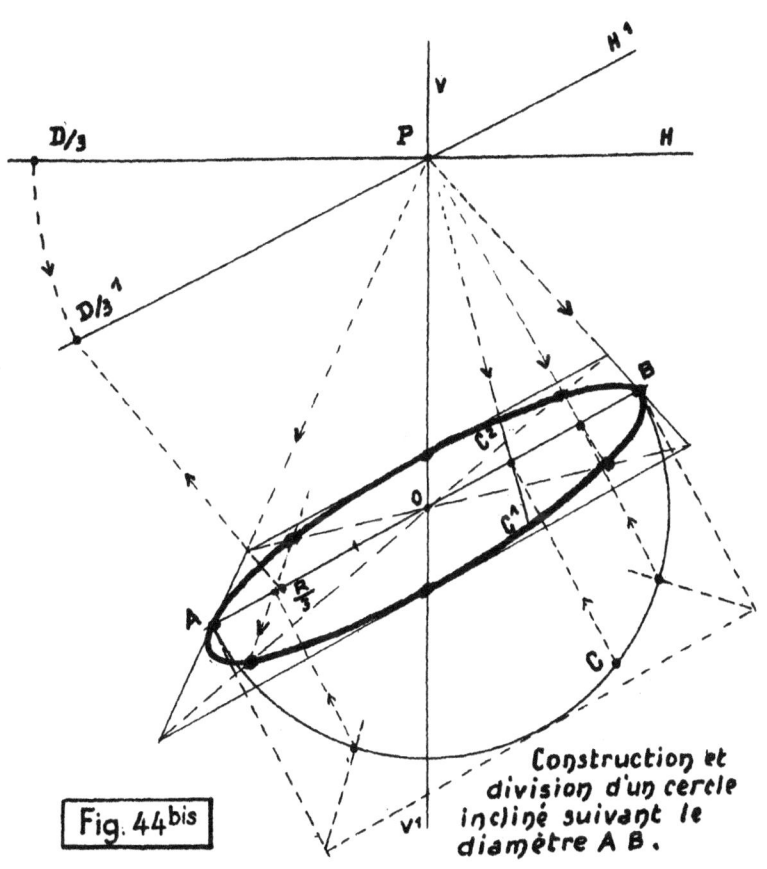

Fig. 44 bis

Construction et division d'un cercle incliné suivant le diamètre A B.

ESCALIER A VIS. COURBE HÉLICOÏDALE

Fig. 45 - Etant donné le demi-plan ou le quart du plan de l'escalier, sa mise en perspective ne présente pas de difficultés (fig. 32 et 40).

A l'échelle du plan on établira sur le Tableau l'échelle des hauteurs des marches (1, 2, 3 ...) - On reportera la hauteur de ces marches sur l'axe de l'escalier 0 1 au moyen du plan de front 0 1 J - ce qui donnera les hauteurs de marches 1^1, 2^1, 3^1,...

Si l'on considère le départ de l'escalier par la marche C 1, 0 1, on tracera par C 1 un plan frontal limité sur l'échelle des hauteurs au niveau de la marche 1 ce qui donne C 1, G, 1 et C 2, ce dernier point sera joint à 1^1, comme C 1 est joint à 0 1 -

La deuxième marche ayant sa projection au sol en D 1, un plan frontal passant par ce point et limité sur l'échelle des hauteurs par la fuyantes 1 P déterminera la profondeur D 2.

La hauteur de la deuxième contre-marche est à l'aplomb de D 1, sa hauteur est donnée sur l'échelle des hauteurs par la fuyante 2 P et ainsi de suite.

Remarque - Quelle que soit la hauteur de l'horizon, toutes les marches parallèles au plan de front sont horizontales (telle que sur cette figure la troisième contre-marche).

On observera sur le schéma que chaque marche fuit sur l'horizon vers un point de fuite qui lui est propre (sauf pour les marches se présentant de front).

ESCALIER A VIS. COURBE HÉLICOÏDALE

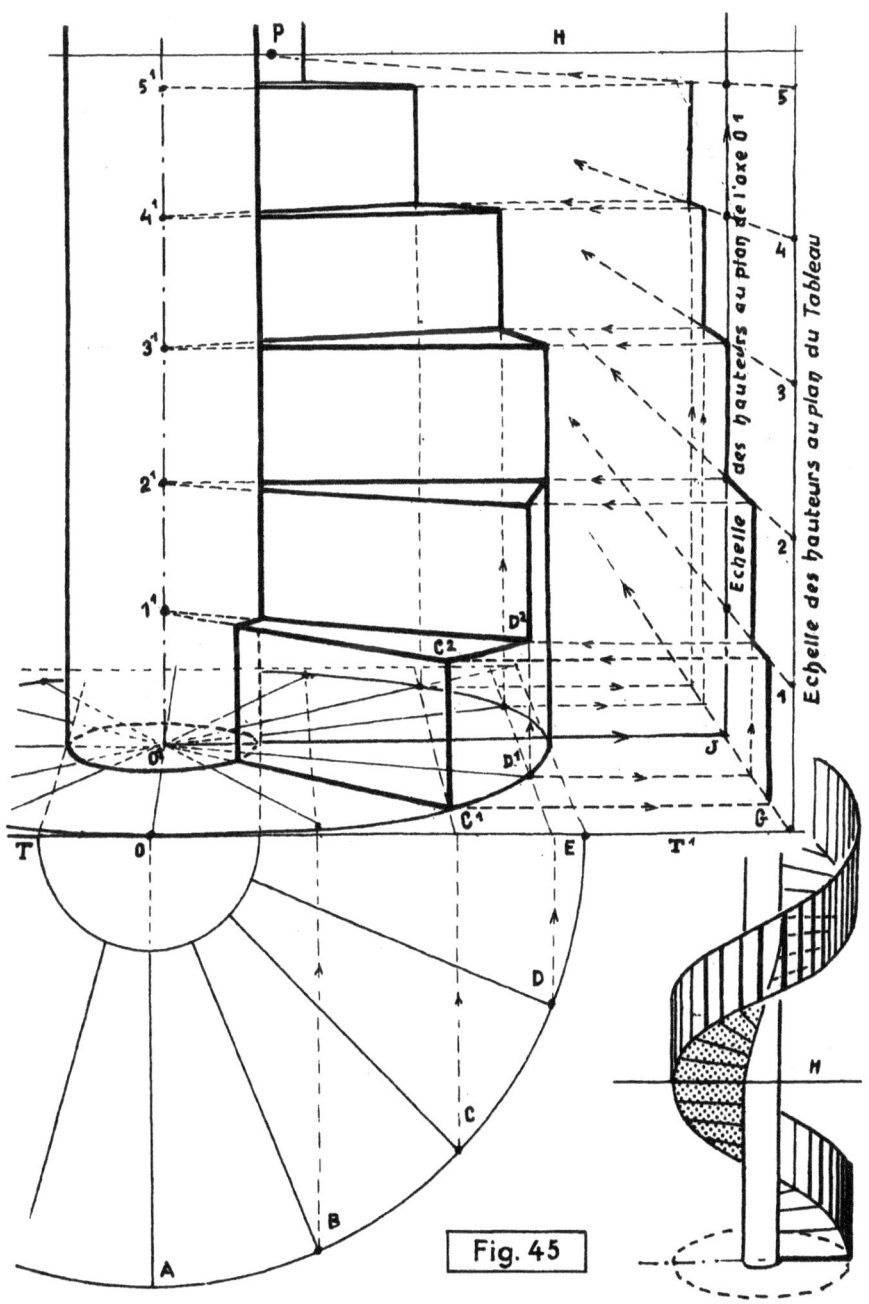

Fig. 45

FORME ANNULAIRE. LE TORE

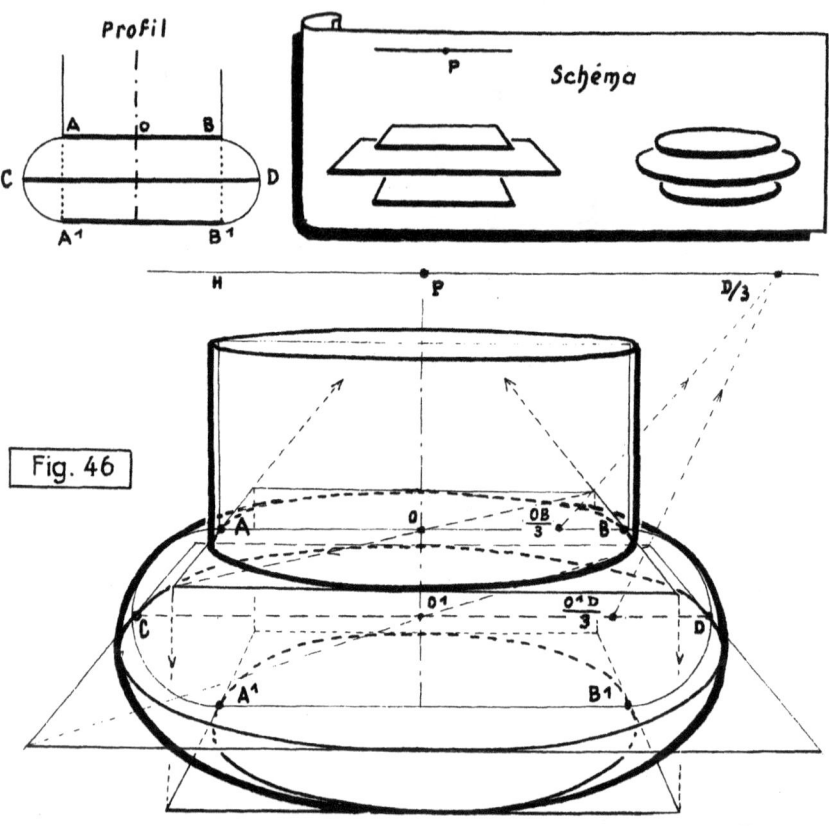

Fig. 46 - Le profil est donné et établi à l'échelle de la perspective, il coïncide avec le diamètre frontal du tore.

Le diamètre A B correspondra donc à la médiane frontale du carré circonscrit qu'on fera pivoter autour de A B suivant le tracé de la fig. 33 - On fera le même tracé sur les diamètres C D et A 1, B 1 - Tracer les trois ellipses (ou davantage). Le contour apparent du tore est donné par la courbe enveloppante.

On remarquera que le contour apparent du cylindre étant en avant du Tableau A B, est plus large que son profil géométral.

FORMES CIRCULAIRES

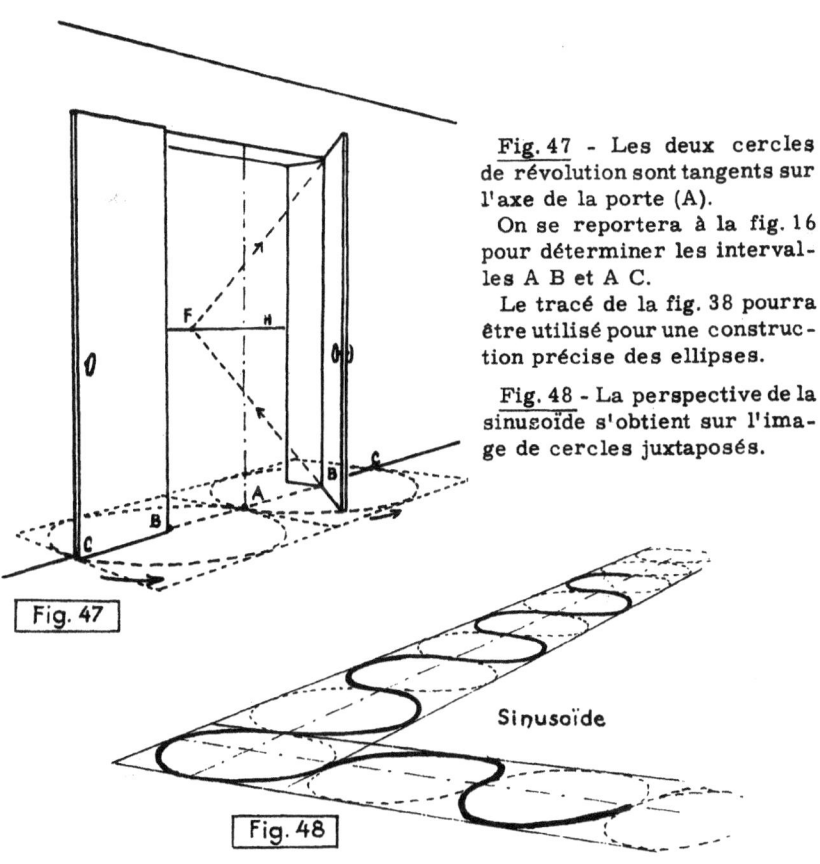

Fig. 47 - Les deux cercles de révolution sont tangents sur l'axe de la porte (A).

On se reportera à la fig. 16 pour déterminer les intervalles A B et A C.

Le tracé de la fig. 38 pourra être utilisé pour une construction précise des ellipses.

Fig. 48 - La perspective de la sinusoïde s'obtient sur l'image de cercles juxtaposés.

FORMES CIRCULAIRES

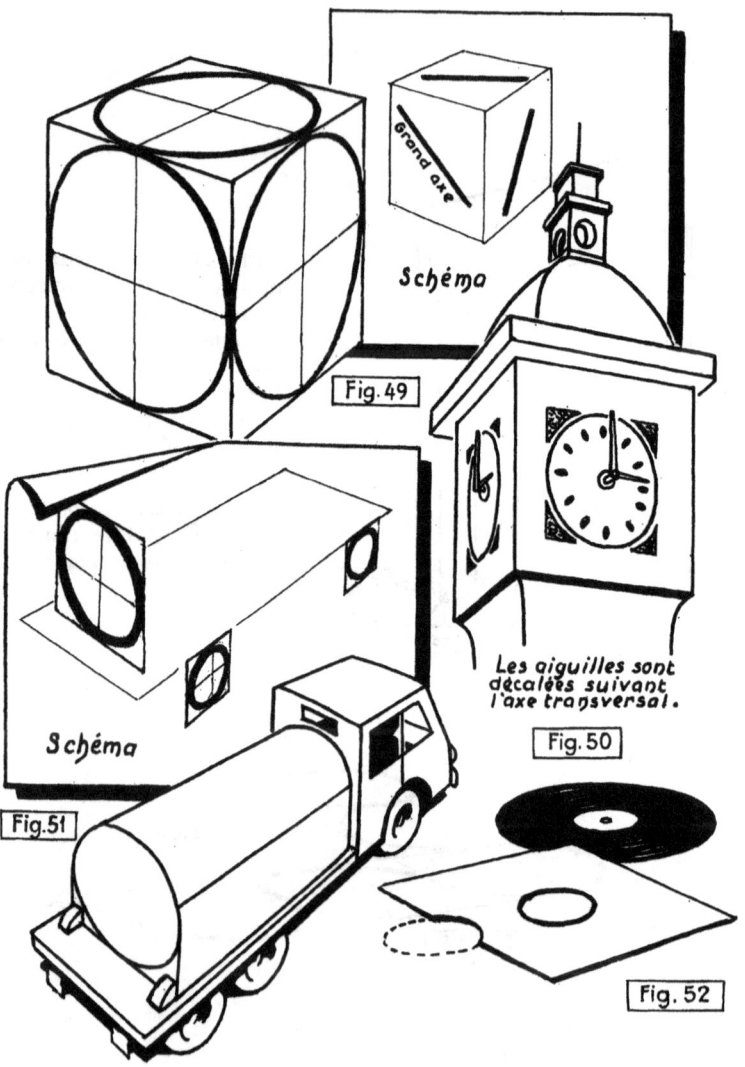

Fig. 49, 50, 51 et 52 - Quelques constructions d'objets circulaires et cylindriques.

Dans le dessin de sentiment on pourra placer empiriquement le grand axe de l'ellipse perpendiculairement à l'axe transversal.

FORMES CIRCULAIRES, TRACÉS INVERSES

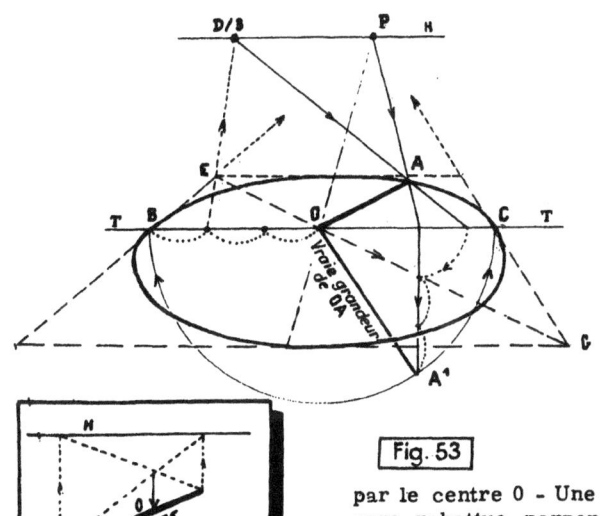

Fig. 53

Schéma

Fig. 54

Le but du tracé inverse est, soit de contrôler par des moyens théoriques la justesse d'un dessin, soit de compléter une image.

Fig. 53 - Le rayon fuyant 0A étant donné on se propose de tracer un cercle sur plan horizontal.

Il est nécessaire de reconstituer le géométral du rayon fuyant 0 A pour en connaitre sa vraie grandeur - On fera passer le Tableau par le centre 0 - Une droite P A prolongée sera rabattue perpendiculairement au Tableau - la droite D/3 A prolongée donnera la profondeur en A 1 -

0 A1 est le géométral du rayon. On le reportera autour de 0 pour avoir en B C le diamètre du cercle qui est aussi la médiane frontale du carré circonscrit - construire ce carré (fig. 33) L'ellipse passera naturellement par l'extrémité A du rayon donné.

Fig. 54 - Le rayon fuyant 0 A est donné ; on se propose de tracer un cercle vertical fuyant. On débutera comme ci-dessus, mais le rayon géométral 0 A1 est cette fois porté sur la médiane verticale C B joindre ces points à F - du point E, sur la verticale de A, une diagonale (E 0) donnera l'angle G et on aura le carré fuyant dans la direction du rayon 0 A.

Si le point F était inaccessible, on utiliserait une échelle des hauteurs pour porter la hauteur du diamètre C 0 B en E, A, E1.

Schéma : Tracé pour obtenir le milieu d'une droite fuyante en utilisant l'Horizon.

CYLINDRE INCLINÉ

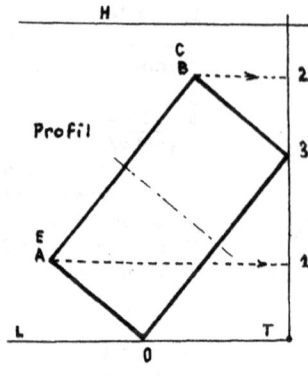

Fig. 55 - Le plan du cylindre incliné sera mis en perspective suivant le tracé expliqué à la fig. 22. Ce tracé préliminaire ne figure pas sur cette image pour ne pas la surcharger.

Prendre une échelle des hauteurs au plan du Tableau et, si le tracé le permet, dans le prolongement du plan pour simplifier.

Toutes les hauteurs du profil y seront portées T, 1, 3, 2 -

Faire un plan frontal par chaque point du plan perspectif limité par l'échelle des hauteurs correspondante.

Ex : B1, B2, B3 et B4 ou A1 T, 1 A2 - Dessiner les deux carrés inclinés dans lesquels s'inscriront les ellipses inclinées.

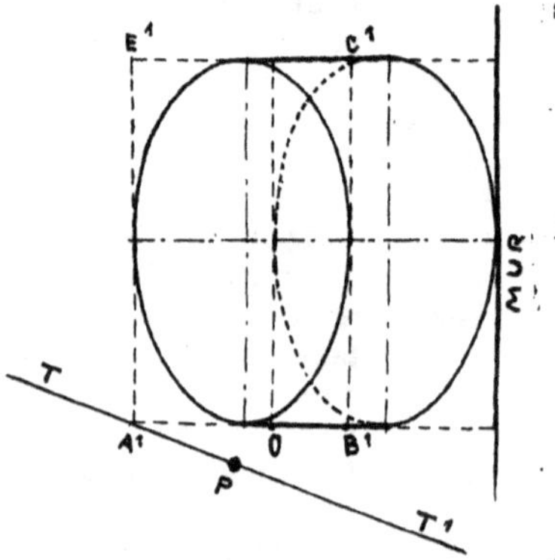

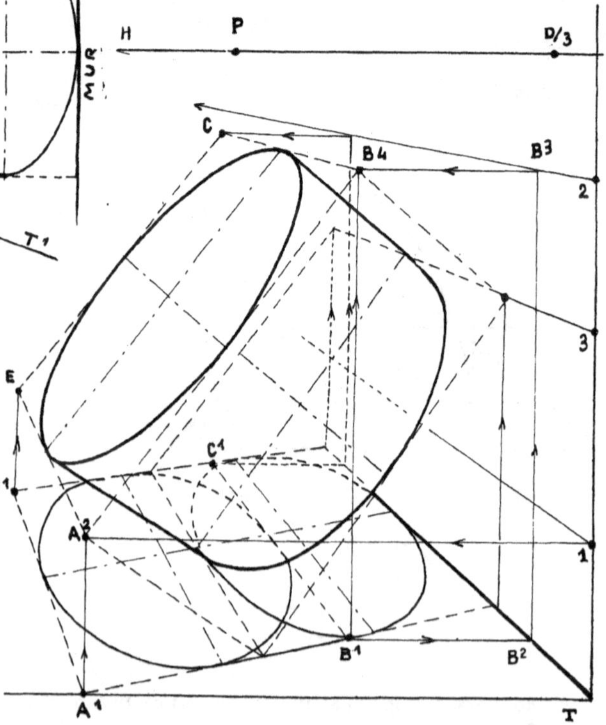

Fig. 55

FORMES CIRCULAIRES

Forme circulaire.   Rome _ Le Temple de Vesta.

Fig.55 bis

LES POLYGONES.
PAVEMENT HEXAGONAL ET OCTOGONAL

Le géométral peut aussi se placer sous le Tableau, comme sur ces deux figures - ce qui ne modifie pas le principe du tracé constructif. Dans les deux dispositions les profondeurs sont ramenées sur le Tableau.

Fig. 56 - Après avoir tracé les fuyantes principales de A, B1, C1 et E et situé la profondeur G, on utilisera les diagonales partant de B1 et C1 pour déterminer les profondeurs suivantes.

N. B. - En partant d'un dessin initial on pourra élargir le carrelage sur les côtés. Néanmoins on tiendra compte de l'emplacement du Point de Distance. Si l'on élargit exagérément l'image on obtiendra une vue anamorphique provoquée par une Distance trop courte.

Il faudra donc donner une Distance correspondante à la largeur envisagée pour l'ensemble du Dessin.

Fig. 57 - La même remarque est à faire concernant l'emplacement du Point de Distance par rapport à la largeur totale de l'image.

LES POLYGONES.
PAVEMENT HEXAGONAL ET OCTOGONAL

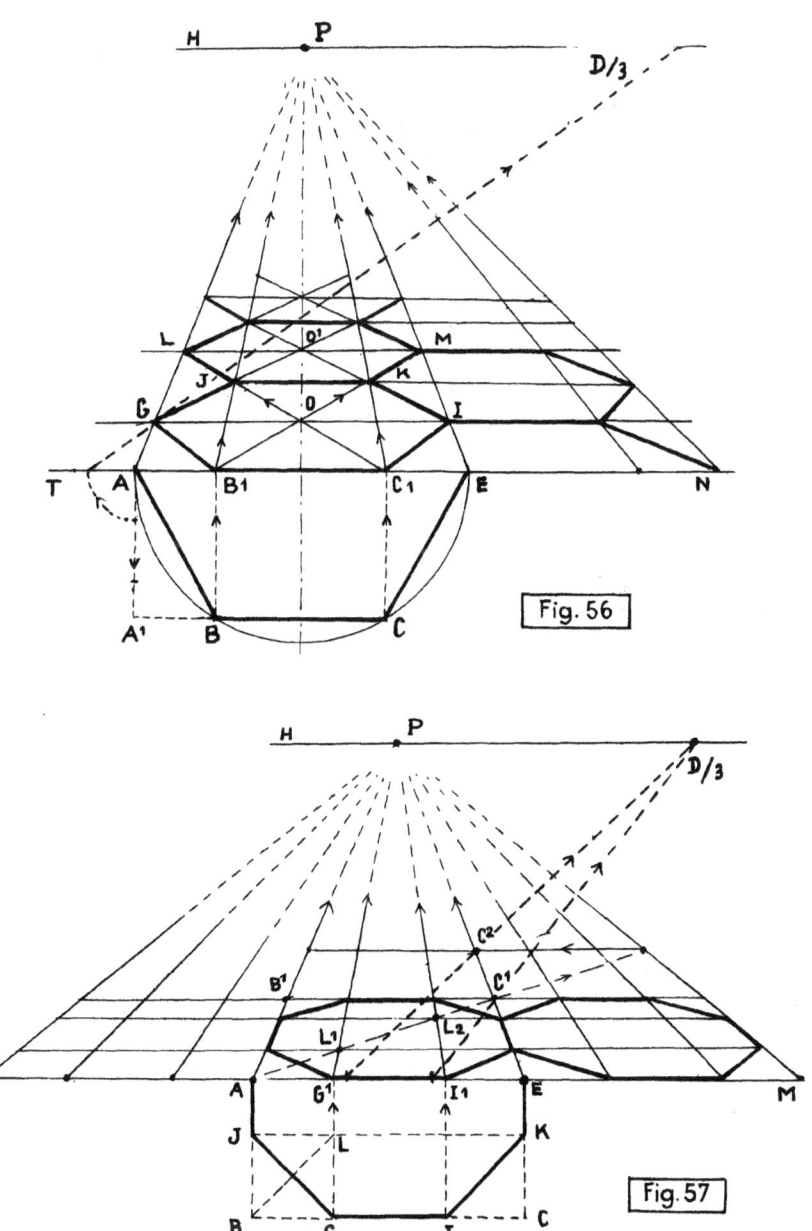

Fig. 56

Fig. 57

POLYGONE

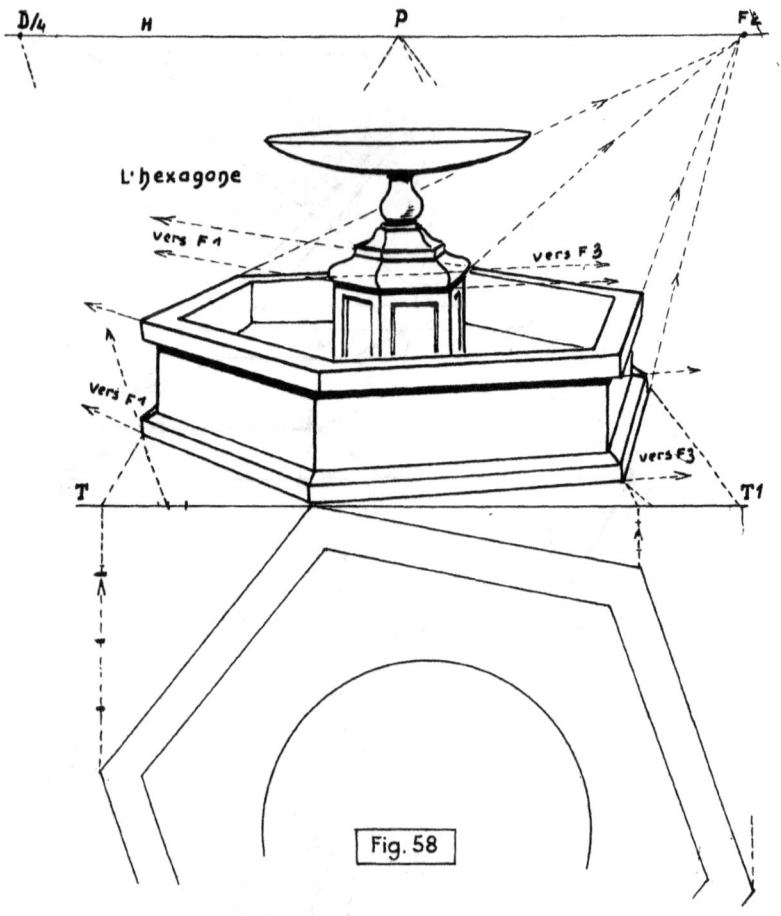

Fig. 58 - On remarquera que les côtés opposés ont un point de fuite commun. Il en est de même pour l'octogone.

La hauteur du Tableau (T) à l'Horizon ne représente que la moitié de la hauteur théorique du Tableau, celle-ci étant plus grande que sa largeur il est préférable d'adopter D/4

LES FORMES CONIQUES

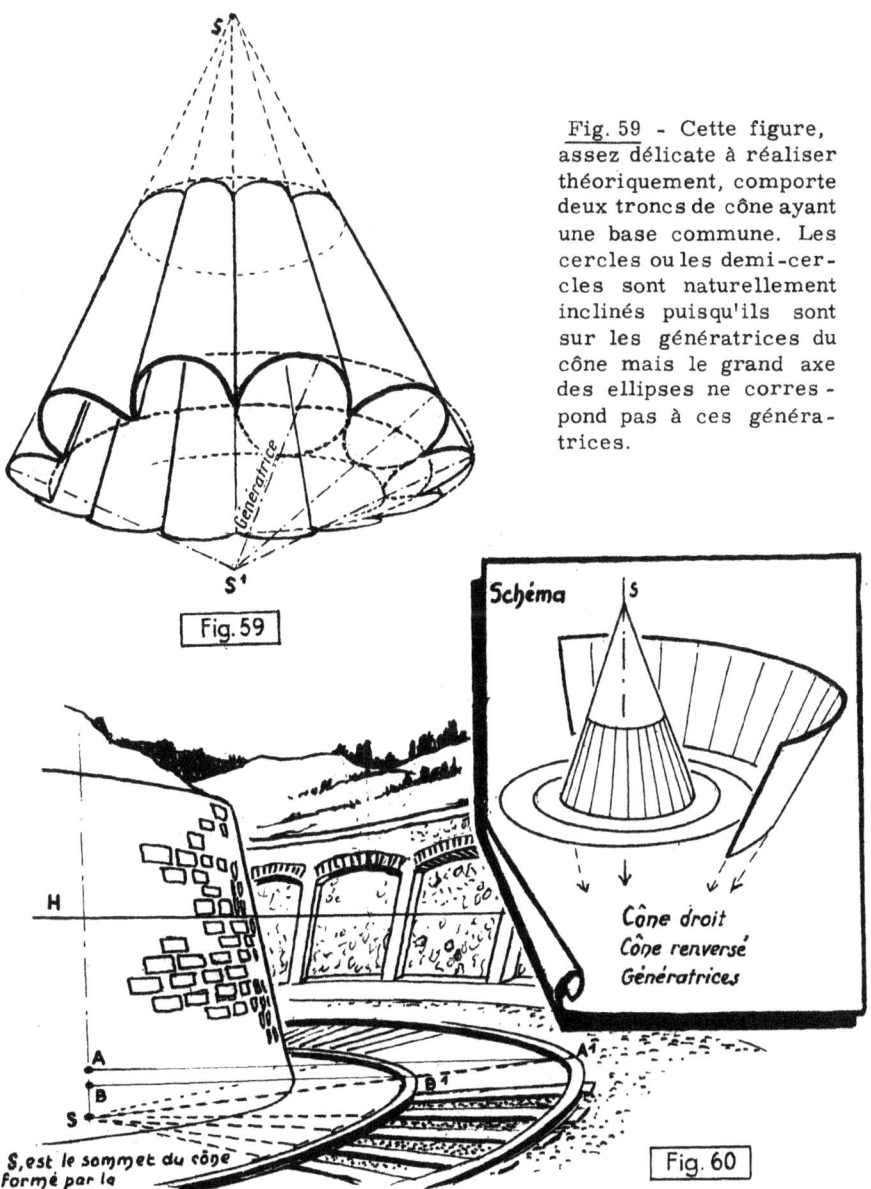

Fig. 59 - Cette figure, assez délicate à réaliser théoriquement, comporte deux troncs de cône ayant une base commune. Les cercles ou les demi-cercles sont naturellement inclinés puisqu'ils sont sur les génératrices du cône mais le grand axe des ellipses ne correspond pas à ces génératrices.

Fig. 59

Schéma

Cône droit
Cône renversé
Génératrices

S_1 est le sommet du cône formé par la voie ferrée.

Fig. 60

Fig. 60 - Dans une courbe, les traverses d'une voie ferrée correspondent aux génératrices d'un cône tronqué ayant S pour sommet. A et B sont les centres perspectifs respectifs des courbes A1 et B1.

LES FORMES CONIQUES. VUES INTÉRIEURES

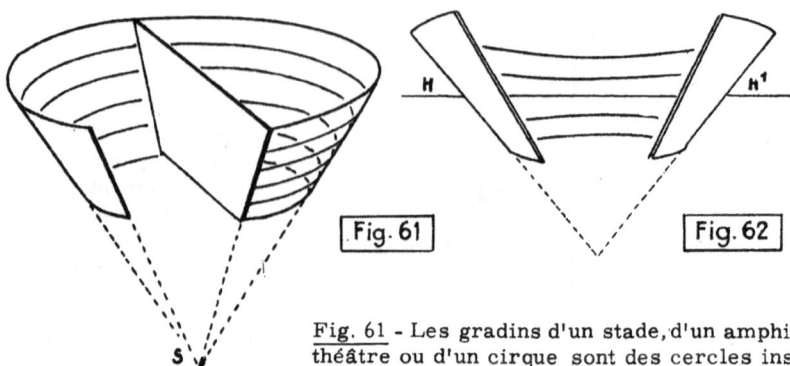

Fig. 61 - Les gradins d'un stade, d'un amphithéâtre ou d'un cirque sont des cercles inscrits sur les parois intérieures d'un cône tronqué. Il est préférable de dessiner entièrement l'image du cône pour obtenir un dessin correct du demi-cone tronqué.

Fig. 62 - On remarquera la courbe des "gradins" au-dessus et au-dessous de l'Horizon.

Fig. 63 - Application de la fig. 61 (Théâtre antique, Orange)

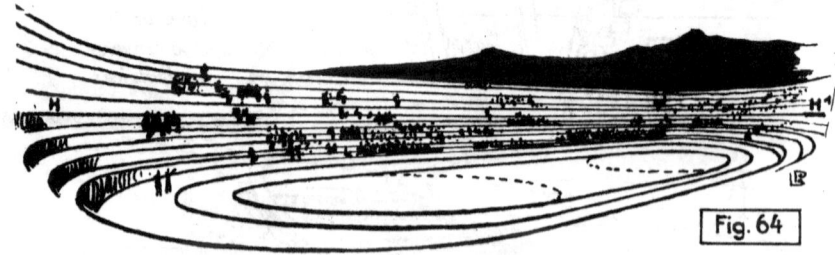

Fig. 64 - Application de la figure 62, mais avec un plan mixtiligne - Il s'agit ici de deux demi-cônes tronqués réunis par des droites tangentes aux ellipses.

LA PYRAMIDE, LE PRISME TRIANGULAIRE ET LA TOITURE

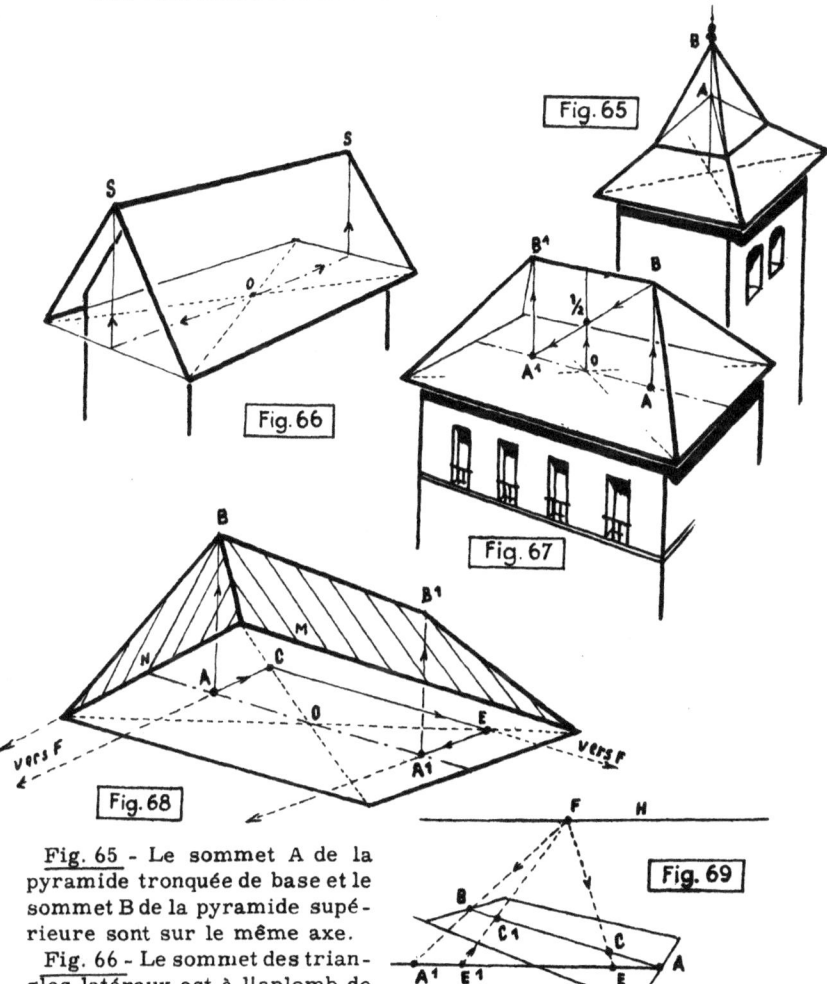

Fig. 65 - Le sommet A de la pyramide tronquée de base et le sommet B de la pyramide supérieure sont sur le même axe.

Fig. 66 - Le sommet des triangles latéraux est à l'aplomb de la médiane du rectangle de base

Fig. 67 - Toiture ou "tas de sable" - Le rectangle de base ainsi que la hauteur AB sont établis - On déterminera le point A1, qui est symétrique à A, par rapport au milieu 0, en traçant une diagonale partant de B et passant par le milieu de la hauteur 0 (voir fig. 16).

Fig. 68 - Variante du tracé précédent - Le rectangle de base et la hauteur A B sont donnés - Utilisation des fuyantes et des diagonales qui donneront successivement C, E et A1. On remarquera que les lignes de plus grande pente BM ou BN ne sont pas parallèles aux arêtes de la toiture.

Fig. 69 - Autre procédé - La longueur AB et le point C sont connus - Tracer une frontale par A - D'un point F quelconque tracer la droite FC prolongée en E et FB prolongée en A1 - De ce dernier point on portera l'intervalle connu en AE, soit A1, E1 - une fuyante E1, F donnera le point C1 - (revoir la fig. 17).

PLAN TRIANGULAIRE OU TRAPÉZOÏDAL

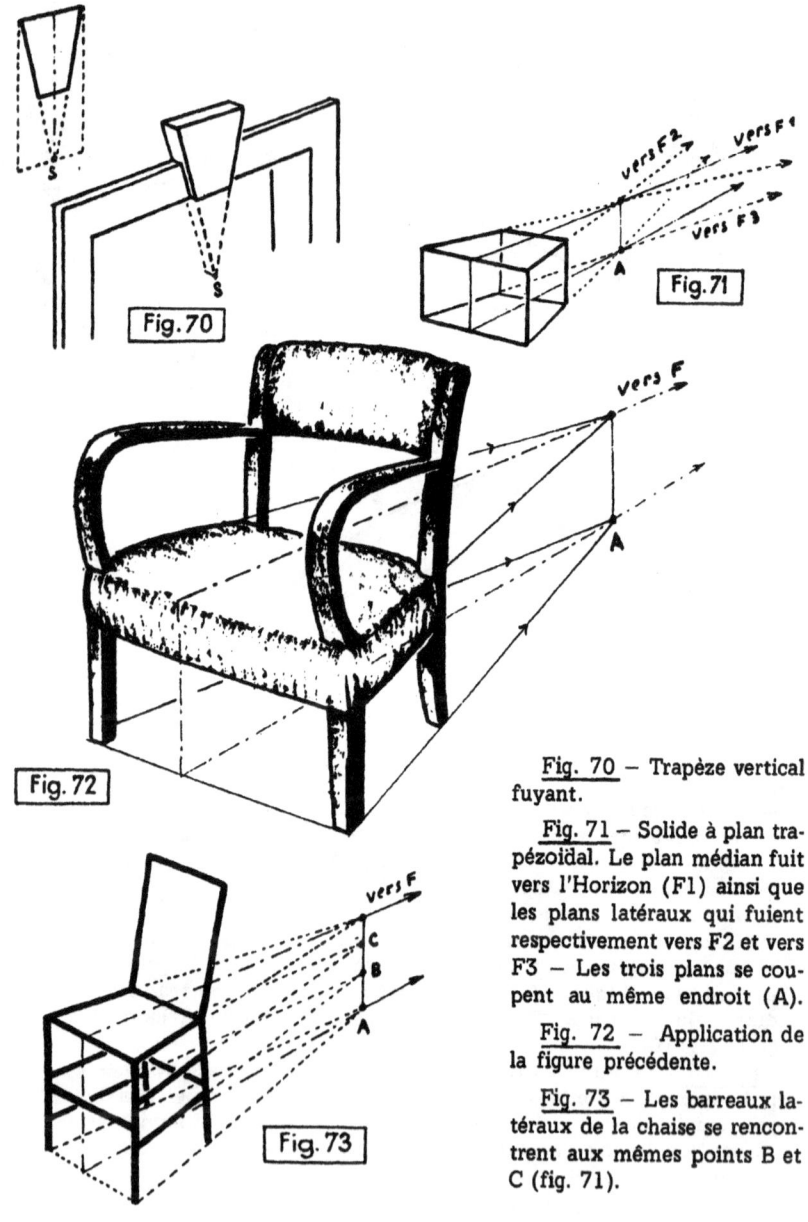

Fig. 70 — Trapèze vertical fuyant.

Fig. 71 — Solide à plan trapézoïdal. Le plan médian fuit vers l'Horizon (F1) ainsi que les plans latéraux qui fuient respectivement vers F2 et vers F3 — Les trois plans se coupent au même endroit (A).

Fig. 72 — Application de la figure précédente.

Fig. 73 — Les barreaux latéraux de la chaise se rencontrent aux mêmes points B et C (fig. 71).

LA SPHÈRE

La sphère est généralement figurée par une circonférence - Pourtant la perspective de la sphère apparaît quand son centre n'est pas sur le rayon visuel principal, son contour apparent prend alors la forme d'une ellipse. En effet, si de l'oeil on trace des rayons visuels par le contour apparent de la sphère (celle-ci n'étant pas dans le prolongement du rayon visuel principal) on décrit un cône qui, à l'intersection avec le tableau, donne une ellipse

<u>Fig. 74</u> - Quand le rayon visuel principal est dirigé vers le centre 0 de la sphère, celle-ci se traduit par un cercle.

<u>Fig. 75</u> - La sphère A, dont le centre 0, correspond pour le spectateur au point principal (P), apparaît sur le Tableau suivant une circonférence ayant pour contour apparent la partie hachurée A 1. Le Tableau coupe le cône visuel perpendiculairement à l'axe de ce dernier.

La sphère B qui est en dehors du rayon visuel principal se traduit par une ellipse dont un des deux diamètres correspond à la partie hachurée B1. Le Tableau coupe le cône visuel obliquement par rapport à l'axe de ce dernier.

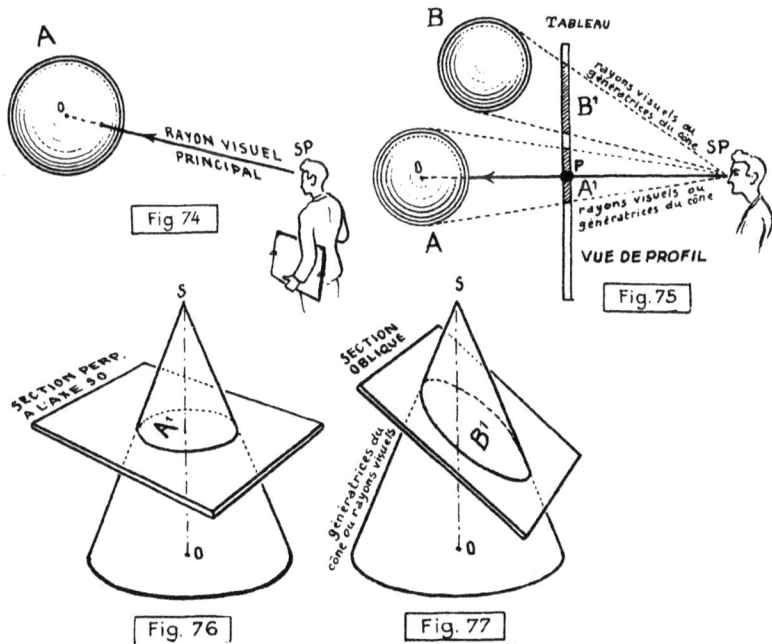

Fig. 74

Fig. 75

Fig. 76

Fig. 77

<u>Fig. 76</u> - En géométrie une section perpendiculaire à l'axe d'un cône donne une circonférence (A1). Cette figure est semblable à la section formée par le Tableau avec le cône visuel de la sphère A de la figure précédente.

<u>Fig. 77</u> - La section oblique d'un cône donne une ellipse. Cette figure est semblable à la section formée par le Tableau avec le cône visuel de la sphère B. Dans la pratique, on ne tient guère compte de la perspective de la sphère pour des raisons d'esthétique. Sa déformation, comme celles des cercles, apparaît sur certaines photographies.

LA SPHÈRE

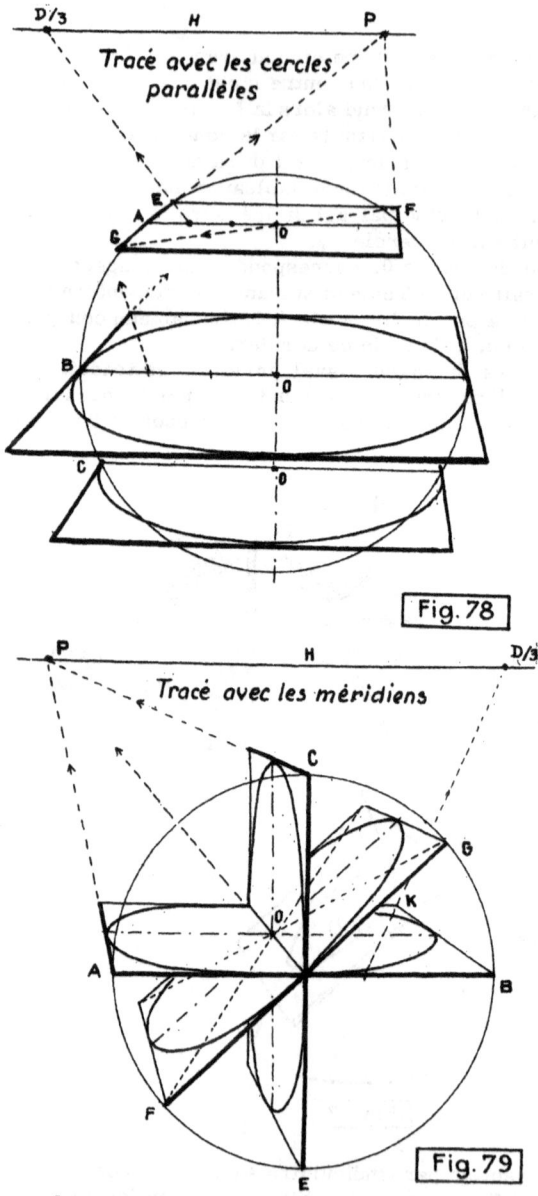

Fig. 78

Fig. 79

Deux tracés peuvent être utilisés pour la perspective de la sphère : par les cercles parallèles ou par les méridiens (grands cercles).

Fig. 78 - Par les cercles parallèles. Tracer sur le profil donné de la sphère différentes sections horizontales A, B, C par exemple. Si l'on considère que le Tableau passe par le centre de la sphère, on construira des carrés en perspective de manière à ce que leur médiane frontale passe par 0 - Envoyer les extrémités de la section A à P. Prendre le tiers de A, 0 et joindre à D/3 pour obtenir la profondeur EF. Une diagonale venant de F (ou de E) donnera le côté G. Même tracé sur les médianes B et C, tracer les ellipses - la courbe tangente à ces ellipses, faite à main levée, donnera le contour apparent de la sphère. Celui-ci sera d'autant plus facile à tracer que les sections seront rapprochées - c'est le même procédé que pour les formes annulaires (fig. 46).

Fig. 79 - Par les grands cercles. Le profil de la sphère est donné - Tracer différents diamètres AB, CE, FG, qui serviront de côté aux carrés circonscrits aux cercles.

La construction du carré sur AB est donnée par le tiers de AB qui envoyé à D/3 donne l'angle K. Ce carré étant établi, la construction des autres carrés est élémentaire. Le tracé des diagonales donne le centre 0 et les médianes. On multipliera les carrés et les ellipses pour obtenir plus de précision dans la courbe extérieure tangente aux ellipses.

On pourrait tout aussi bien, comme ci-dessus, utiliser le diamètre AB comme médiane du carré et non comme côté, ce qui aurait pour effet de donner un dessin plus grand.

LA SPHÈRE

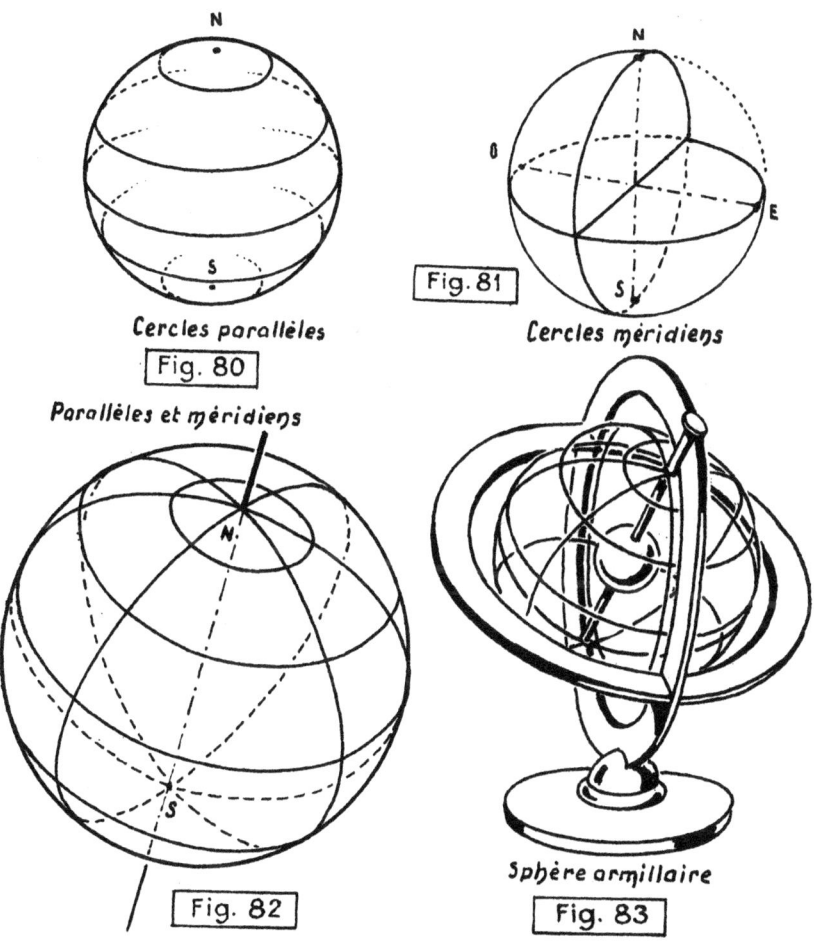

Cercles parallèles
Fig. 80

Cercles méridiens
Fig. 81

Parallèles et méridiens
Fig. 82

Sphère armillaire
Fig. 83

Fig. 80 - Les cercles parallèles - Si l'horizon est au-dessus de la sphère le pôle supérieur (N) est visible - le pôle inférieur est caché.

Fig. 81 - Les cercles méridiens - Le contour apparent de la sphère ne passe pas obligatoirement par les quatre points cardinaux.

Fig. 82 - Parallèles et méridiens sur une sphère dont l'axe Nord Sud est incliné.

Fig. 83 - Sphère armillaire - Ici les parallèles et les méridiens n'ont plus de parties cachées, les ellipses sont visibles entièrement.

LA SPHÈRE. LA COUPOLE. LES MÉRIDIENS

Eglise St Antoine, PADOUE.

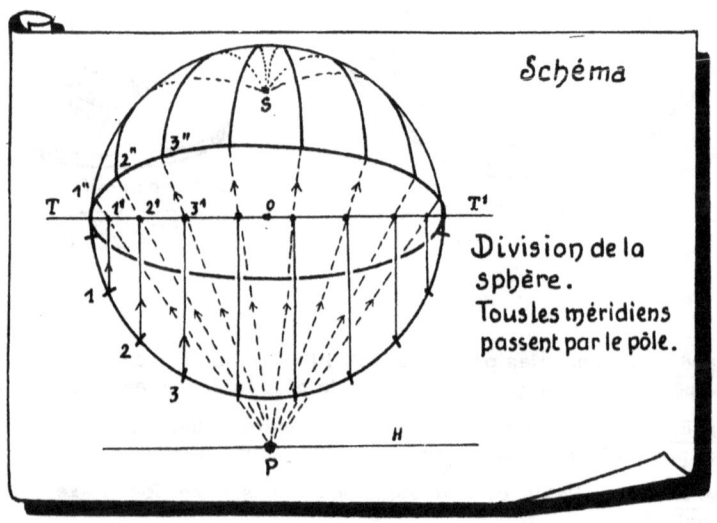

Schéma

Division de la sphère.
Tous les méridiens passent par le pôle.

Fig. 84

FORME SPHÉRIQUE

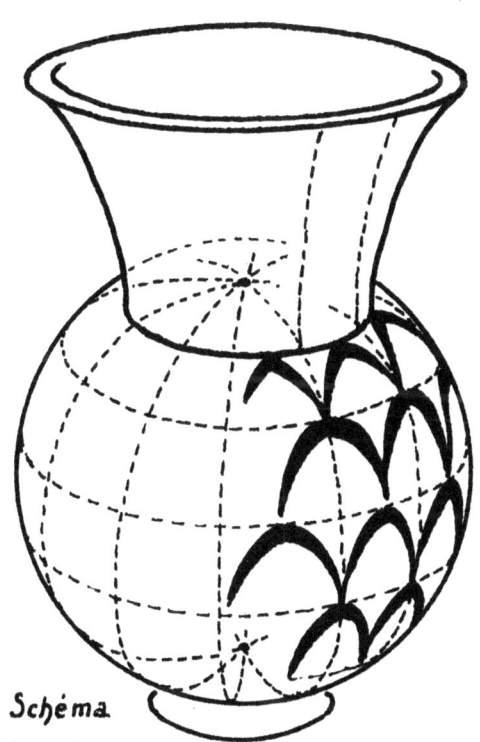

Schéma

Le décor se situe sur les cercles parallèles et les génératrices de la sphère.

Fig. 84 bis

LES PLANS INCLINÉS.
PLANS MONTANTS ET DESCENDANTS

Les plans inclinés sont soumis aux mêmes règles de perspective que les plans horizontaux mais ils utilisent une ligne d'horizon accidentelle sur laquelle se trouvent les points de fuite propres aux plans inclinés.

S'il y a un point de fuite par direction, il y a une ligne d'horizon accidentelle par inclinaison et propre à chaque trace.

Fig. 85 - Etant donné un livre horizontal fuyant vers F on se propose d'ouvrir les plats du livre de 20°. Joindre F à D, établir un angle de 20° en D et prolonger le côté jusqu'à la droite perpendiculaire à la ligne DF. On obtient F1 qui sera relevé en F2 ou rabattu en F3 sur la ligne de fuite au droit de F. On a ainsi les points de fuite respectifs du plan montant et du plan descendant.

Ce tracé est particulier à chaque fuyante horizontale qui ne concourrait pas au même point de fuite, c'est-à-dire des horizontales fuyantes non parallèles.

N. B. - On peut aussi utiliser le point de distance accidentelle D1 sur lequel seraient portés les angles d'inclinaison prolongés jusqu'à la ligne de fuite verticale pour obtenir les points F2 ou F3.

Pour une droite inclinée dont la trace serait perpendiculaire au Tableau, c'est-à-dire fuyant vers P, l'angle de la pente construit en D donnera la hauteur de l'Horizon accidentel sur la verticale V V1.

Fig. 86 - Tracé semblable au précédent mais présentant plusieurs plans inclinés. Les angles sont construits sur D.

Fig. 87 - Les points de fuite accidentels ne sont pas toujours accessibles ; on a alors recours au profil présenté en vraie grandeur.

Après avoir reporté la droite géométrale AB sur le Tableau, en A B1 et déterminé son image en A B2 il suffira de construire l'angle d'inclinaison en A pour connaitre C. Une échelle des hauteurs B1 C passant par B2 aura son point de fuite en F, la fuyante A C1 donnera l'image de la droite montante.

LES PLANS INCLINÉS.
PLANS MONTANTS ET DESCENDANTS

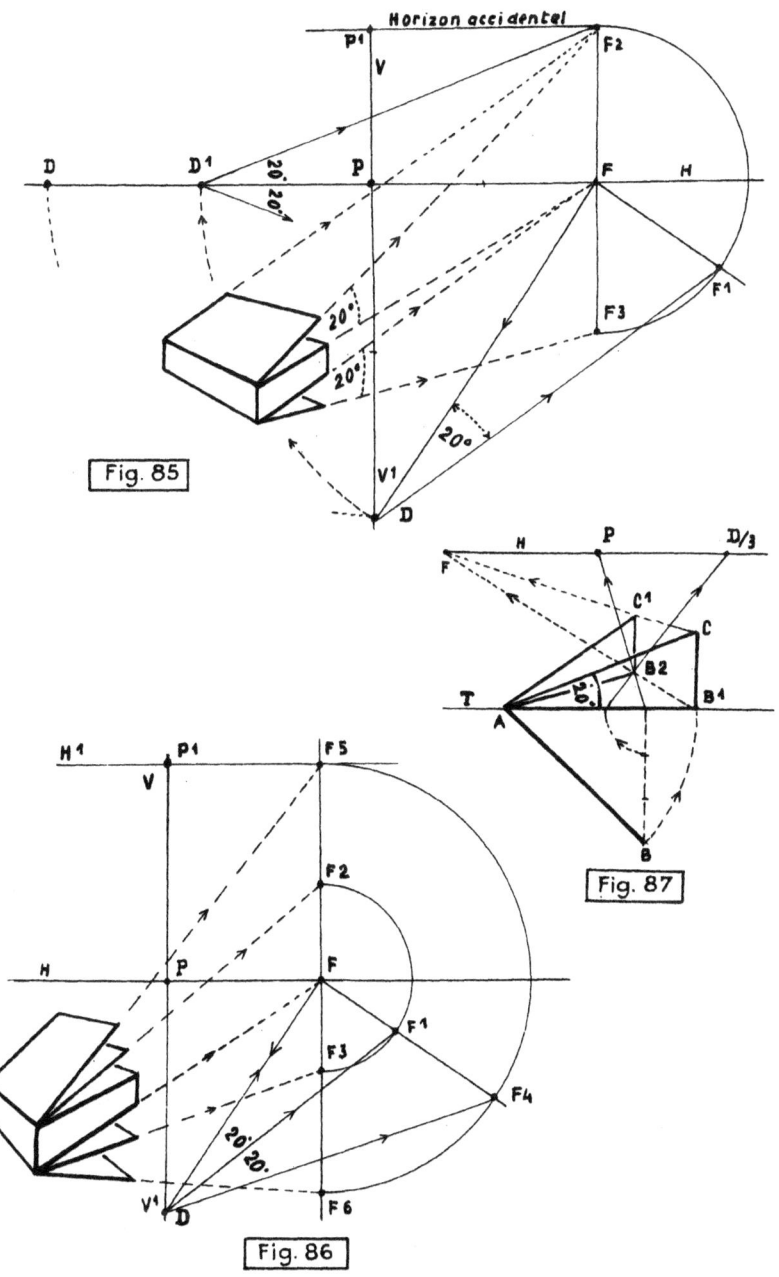

Fig. 85

Fig. 87

Fig. 86

PLAN INCLINÉ MONTANT. ESCALIER

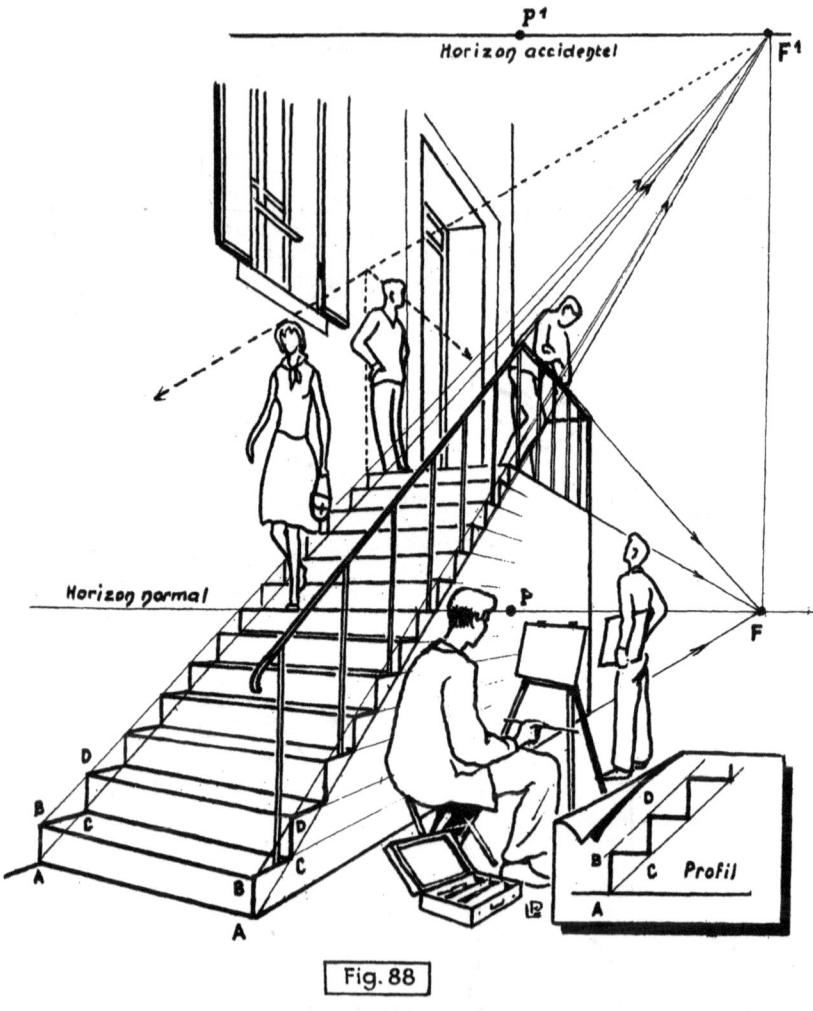

Fig. 88

Fig. 88 - La base de l'escalier fuit vers un point F et, l'Horizon accidentel étant donné, les plans montants passant par les arêtes des marches fuiront vers F1, soit AA F1 et BB F1 - Le giron des marches (BC) se placera entre ces fuyantes montantes (schéma).

Tout ce qui est parallèle à l'inclinaison de l'escalier, la rampe, les personnages sur l'escalier, fuira vers F1.

N. B. - La hauteur de l'Horizon normal correspond ici à la hauteur d'un personnage assis.

PLAN INCLINÉ DESCENDANT. ESCALIER

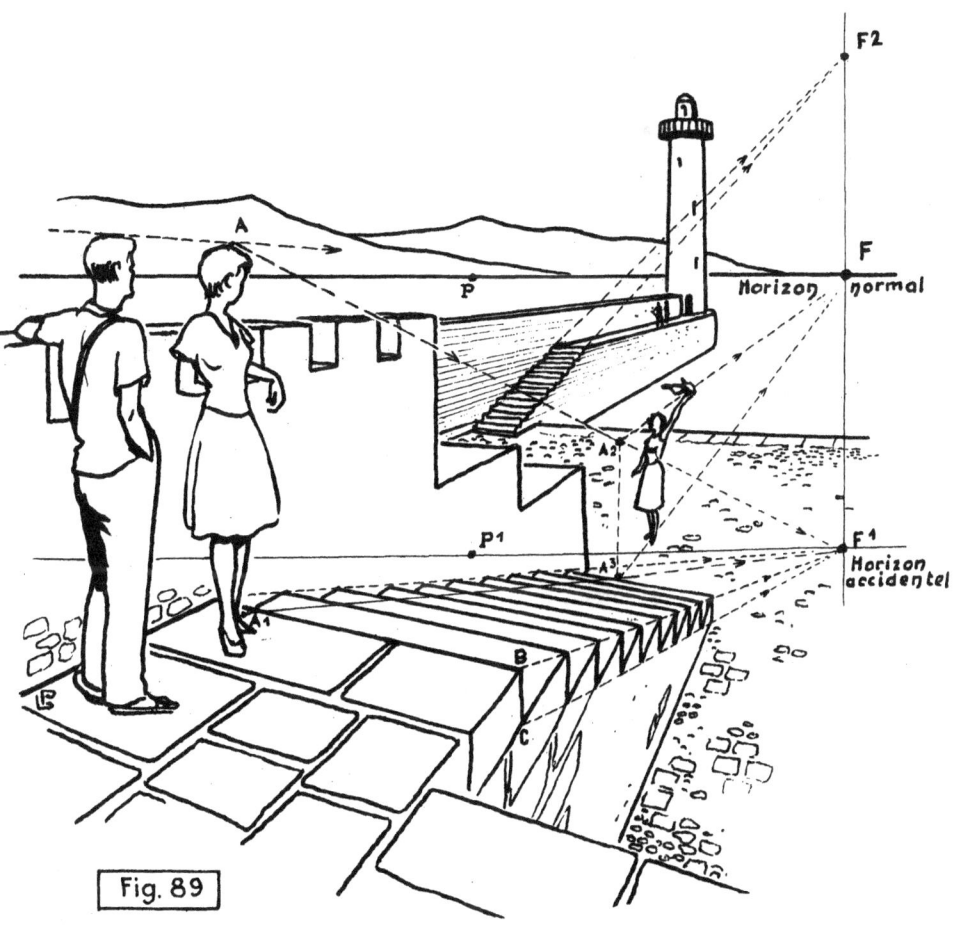

Fig. 89

Fig. 89 - Les points de fuite accidentels F1 et F2 sont les points de convergence pour l'escalier descendant et pour l'escalier montant (au fond).
La hauteur de la marche B C est envoyée à F 1 - les fuyantes qui sont des parallèles perspectives donneront la hauteur des autres marches. Le giron de la marche reste toujours horizontal et fuit, par conséquent, à F.
La hauteur d'un personnage A A1 fuit également vers F1, cette échelle des hauteurs en bas de l'escalier repartira horizontalement vers F, ou un tout autre point, situé sur l'horizon réel.
Les 2 escaliers n'ayant pas la même pente, la distance F F1 n'est pas la même que F F2.

PLANS INCLINÉS AVEC PALIERS

Fig. 90 - Si l'on dessine de sentiment une rampe A, dont la projection sur le sol fuit vers F, le point de fuite de la rampe sera placé arbitrairement en F2.

Si la rampe est suivie d'un palier, celui-ci fuira vers F et la deuxième rampe, de même pente que la précédente, fuira vers F2. Si l'on désire connaître la valeur des angles A, il suffira de rechercher la vraie grandeur de la première rampe et de la reporter sur le Tableau T. Une échelle des hauteurs permettra de ramener la hauteur B en B1. L'hypoténuse du triangle rectangle donne la pente réelle de la rampe.

Fig. 91 - La Distance est volontairement très courte pour avoir les deux points de fuite accessibles.

Les deux escaliers qui sont face à face ont la même trace et leur pente fait 32° avec le sol.

La distance F D remontée en D1 donne un point accidentel de Distance sur lequel sera construit l'angle de 32° ce qui donnera le point de fuite accidentel F2.

On fera le même tracé sur le point accidentel D2 en établissant de chaque côté de l'Horizon un angle de 32° pour avoir sur la ligne de fuite F3 d'une part et F4 de l'autre. Les pentes du toit utiliseront les mêmes points de fuite si les pentes et les traces sont semblables à celles des escaliers.

PLANS INCLINÉS AVEC PALIERS. ESCALIERS

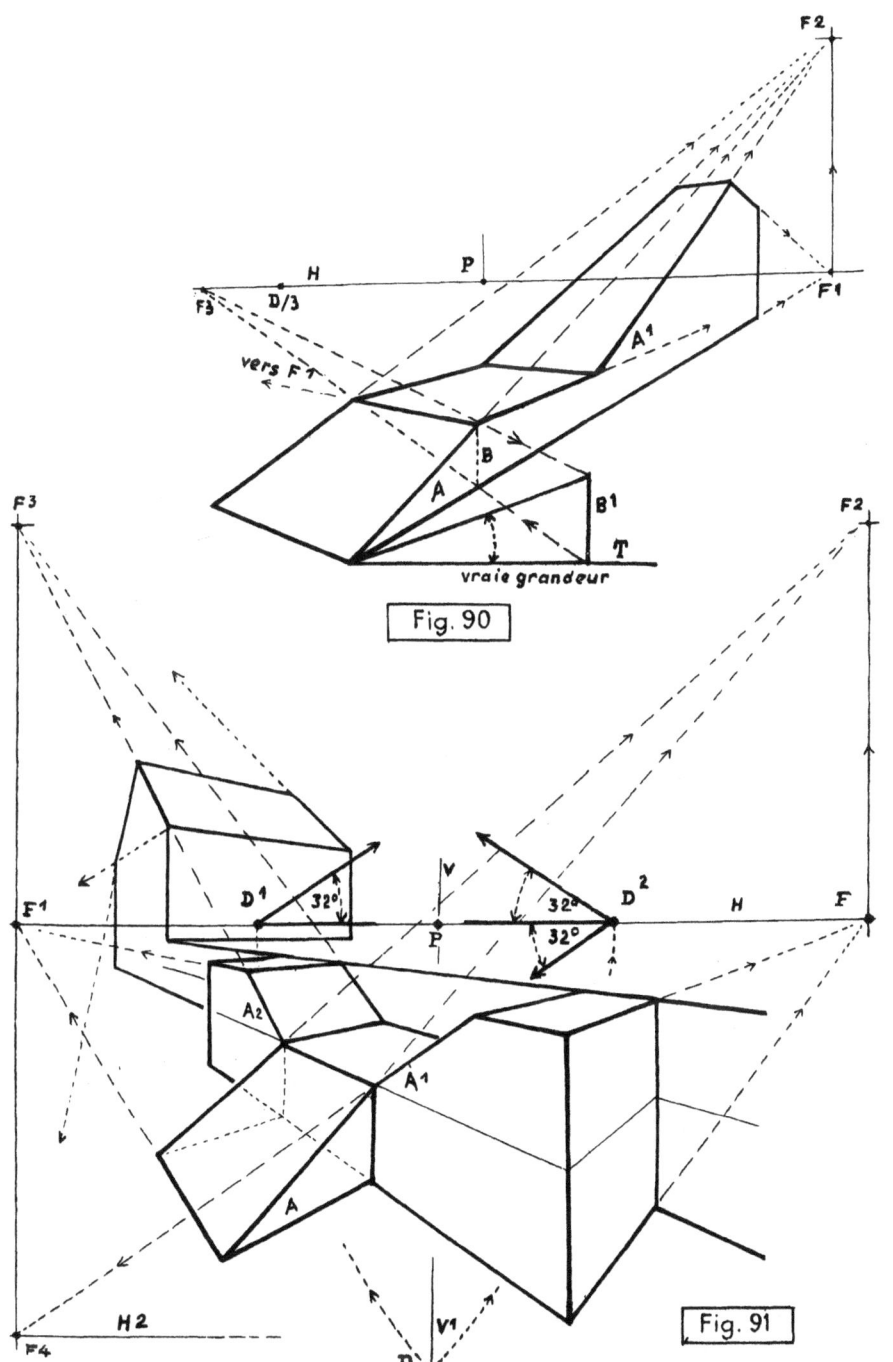

Fig. 90

Fig. 91

PLANS INCLINÉS

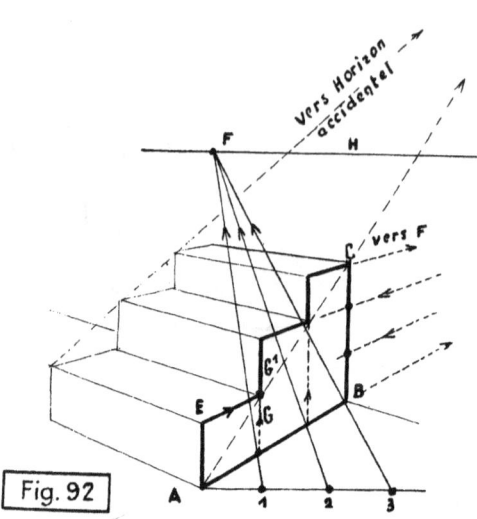

Fig. 92

Fig. 92 - Connaissant, de l'escalier, le côté fuyant AB et la hauteur BC, on portera, sur une frontale partant de A, autant de divisions égales qu'il y aura de marches prévues (fig. 17).

De l'extrémité 3, une fuyante passant par B donnera sur l'Horizon le point F, vers lequel on tendra les droites 1 et 2 qui seront remontées verticalement jusqu'à l'oblique fuyante AC.

Reporter la hauteur G en G1 faire fuir à F, etc ...

On peut aussi utiliser l'oblique AC avec les marches portées sur la hauteur BC.

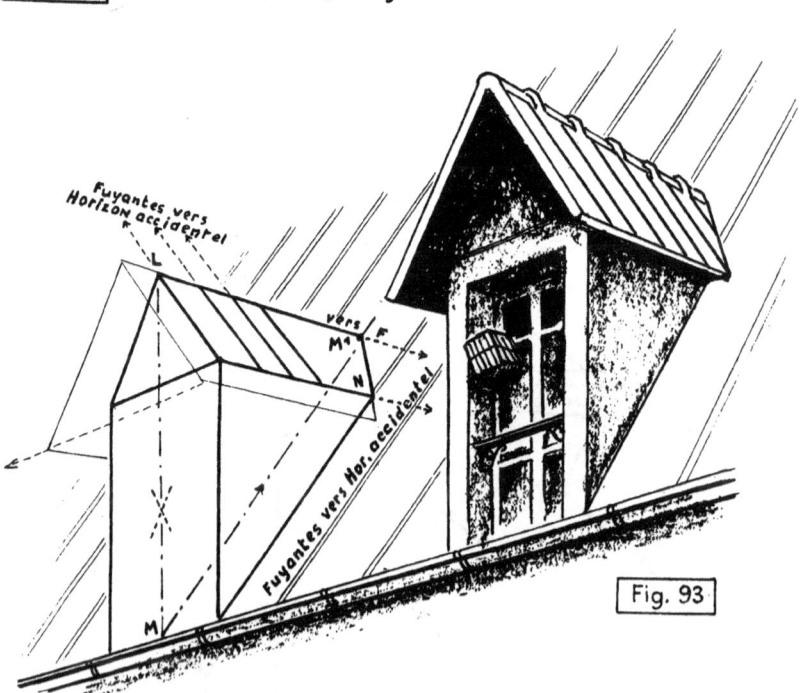

Fig. 93

Fig. 93 - Pénétration de deux plans inclinés - Le tracé de l'axe M M1 qui fuit suivant l'inclinaison de la toiture est indispensable pour déterminer la pénétration suivant M1 N. - On notera la direction prise par les tuiles de la petite toiture par rapport à la droite M1 N.

PLAN INCLINÉ. RUE MONTANTE

Fig. 94

Fig. 94 - Le profil de la rue présente trois directions (schéma) :
1° - Les horizontales qui sont sur les bâtiments et qui fuient vers F sur l'horizon normal H.
2° - La pente générale de la rue A A1 qui fuit vers F1 sur un horizon accidentel H1
3° - La pente des escaliers E E1 qui fuit vers F2 sur un second horizon accidentel H 2.

Pour figurer deux largeurs identiques, on fera "glisser" parallèlement à la pente générale de la rue la largeur donnée B et B au moyen de deux fuyantes allant à F1, ce qui donnera la largeur B1 et B1 perspectivement égale à B B, (schéma).

Deux personnages de même grandeur, placés aux extrémités d'un escalier auraient leur échelle des hauteurs fuyant quelque part sur l'horizon accidentel H2 si ces personnages sont à la même distance du mur.

Si la rue était rigoureusement vue de face, les points de fuite seraient sur le plan principal de vision.

PLAN INCLINÉ. RUE DESCENDANTE

Fig. 95

Fig. 95 - Les horizontales fuient vers l'horizon normal (H) qui est celui de la mer, ou, en plaine, à la limite naturelle de la vision.

En pays de montagne, si le spectateur n'est pas sur le point culminant, les sommets avoisinants apparaitront au-dessus de l'horizon.

On remarquera, sur le schéma, qu'il y a un point de fuite par direction, vers P1 et F1, ces points sont sur le plan de fuite de P et F.

La longueur de toit AB est reportée en B1 A1 par deux fuyantes à F1 ce qui donne deux maisons de longueurs semblables.

TRACÉS AUXILIAIRES.
GRADUATION DES COTÉS D'UN ANGLE DROIT

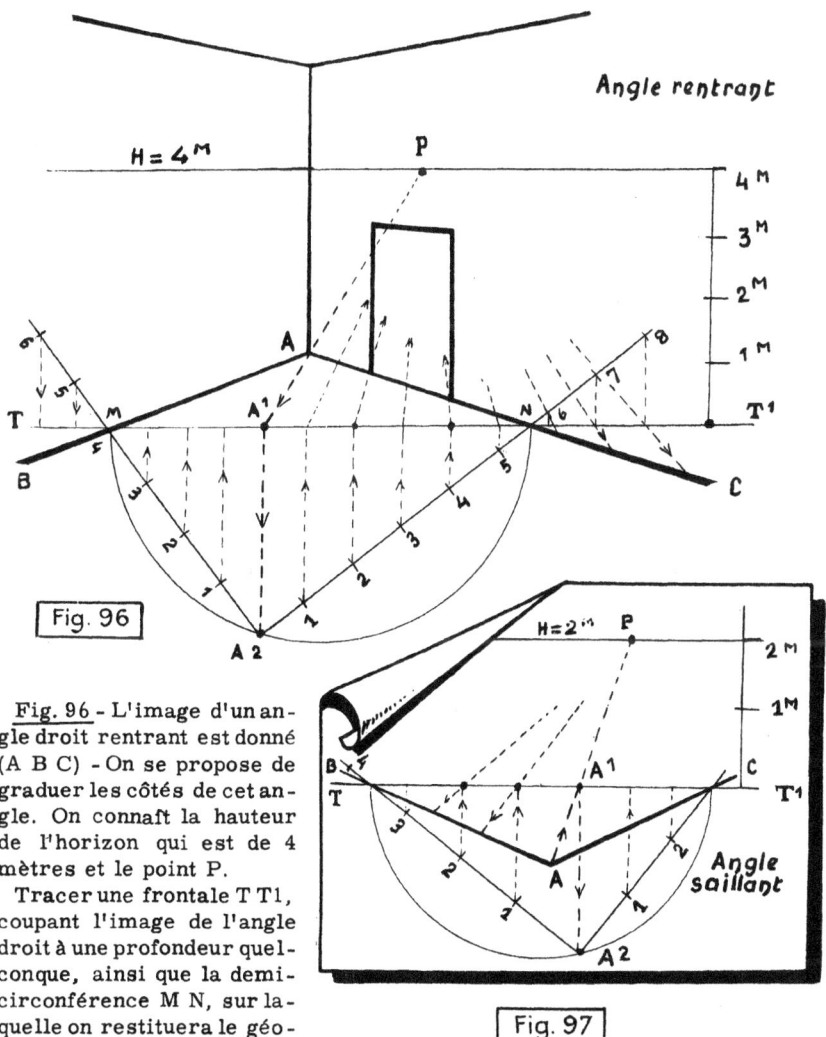

Fig. 96

Fig. 97

Fig. 96 - L'image d'un angle droit rentrant est donné (A B C) - On se propose de graduer les côtés de cet angle. On connaît la hauteur de l'horizon qui est de 4 mètres et le point P.

Tracer une frontale T T1, coupant l'image de l'angle droit à une profondeur quelconque, ainsi que la demi-circonférence M N, sur laquelle on restituera le géométral de l'angle au moyen de la fuyante P A A1 rabattue en A2.

On établira l'échelle des hauteurs entre la frontale T et l'Horizon, ce qui donnera l'échelle de la perspective et du géométral - Reporter ces graduations sur le géométral, les relever sur le Tableau pour les envoyer à P, l'intersection de ces fuyantes avec les côtés de l'angle donne les graduations.

Fig. 97 - Même tracé que la figure précédente, mais pour un angle saillant. La frontale T T1 coupe l'angle à un endroit quelconque.

Remarque : Le point D n'a pas été utilisé puisqu'il s'agit d'un angle droit et que celui-ci s'inscrit dans un demi-cercle.

TRACÉS AUXILIAIRES. LE RÉSEAU PERSPECTIF GRADUÉ

L'emploi du réseau perspectif est tout indiqué lorsque les points de fuite ne sont pas accessibles, c'est un procédé rapide qui facilite les mises en place. Les graduations permettront d'obtenir une précision souvent suffisante. Ce procédé s'appelle "graticulage".

Fig. 98 - Si l'on fait la perspective d'après le plan, le Point D/3 sera nécessaire pour situer le point A - Si, par contre, on part d'une image donnée d'un angle rentrant A B C on restituera le géométral comme à la figure précédente.

La hauteur de l'Horizon étant connue (4 m) établir entre T (ou T1) et l'Horizon une échelle des hauteurs - en faire une également sur l'angle A, le point de fuite étant inaccessible, afin d'établir des parallèles horizontales fuyantes espacées d'un mètre.

L'échelle de la perspective prise au plan du Tableau est reportée sur le géométral (1, 2, 3, 4, etc...) afin d'y établir un quadrillage.

Chaque ligne à sa rencontre avec le Tableau T T1 rejoindra sur l'image la fuyante de la profondeur perpendiculaire au Tableau émanant du même point géométral. Ex : la ligne 1 M a son extrémité M en vraie grandeur - La profondeur 1 N est donnée par la fuyante principale N P soit N1 (figure précédente), joindre ce point à M - Même tracé pour les autres lignes afin d'obtenir un quadrillage fuyant sur les trois plans de l'image.

Fig. 99 - En recouvrant de carreaux à une échelle donnée un plan et une élévation il devient facile de mettre en perspective les diverses parties d'un bâtiment après avoir préalablement établi un réseau perspectif en lui donnant l'angle de fuite désiré.

N. B. - On peut établir à l'avance une série de réseaux perspectifs avec des variantes dans la hauteur de l'Horizon ou l'angle de fuite. Ils pourront être utilisés pour des éléments d'échelle très différente, le même carré pouvant suivant les besoins représenter 0,10 m. ou 10 m. de côté.

LE RÉSEAU PERSPECTIF GRADUÉ

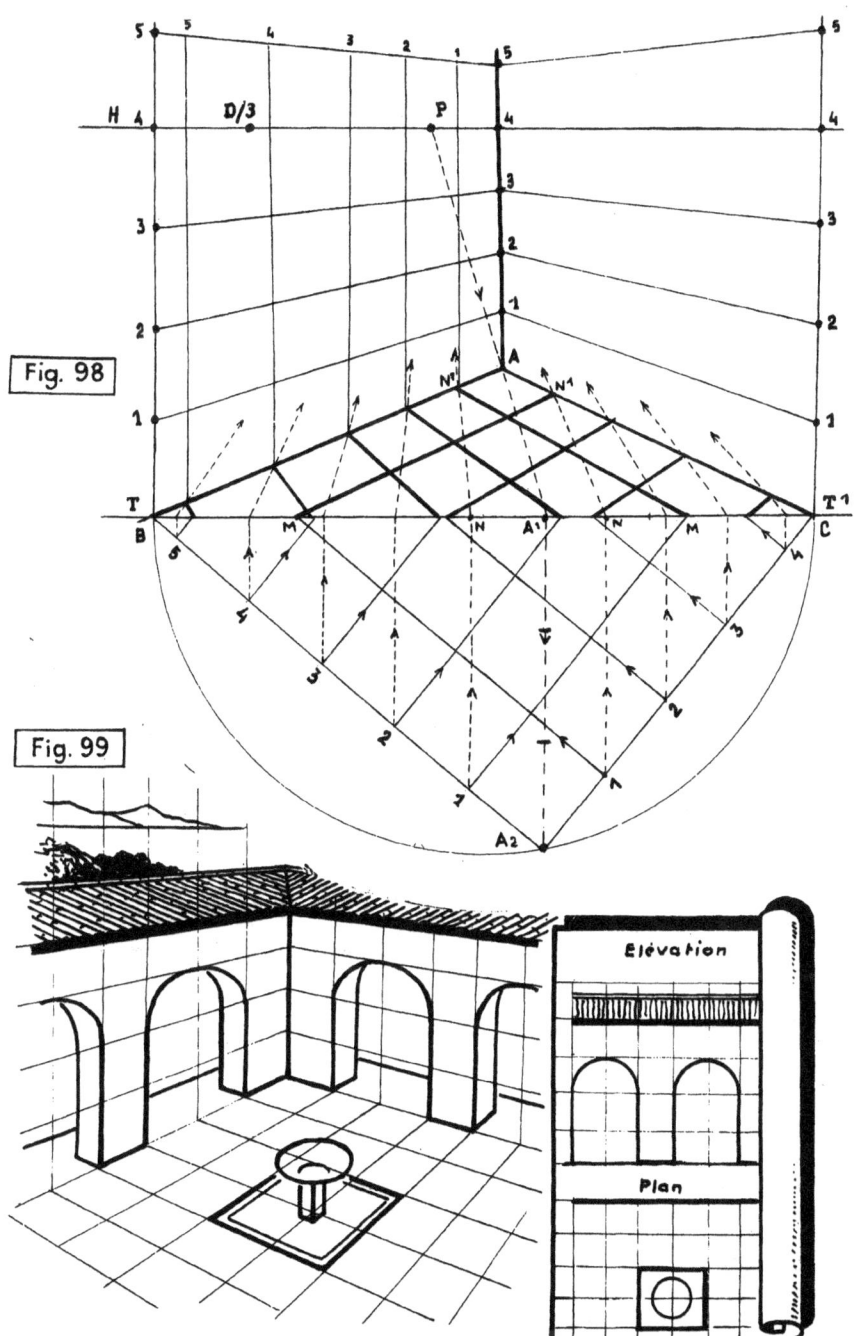

Fig. 98

Fig. 99

LE RÉSEAU PERSPECTIF

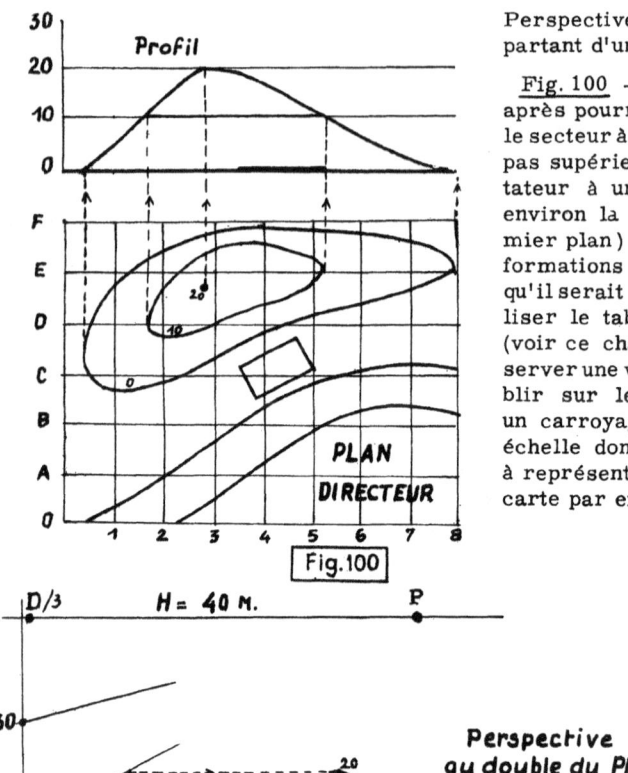

Perspective d'un paysage en partant d'un plan directeur -

Fig. 100 - Le procédé ci-après pourra être utilisé si le secteur à représenter n'est pas supérieur à 40° (Spectateur à une fois et demie environ la largeur du premier plan) - sinon, les déformations seraient telles qu'il serait nécessaire d'utiliser le tableau cylindrique (voir ce chapitre) pour conserver une vue correcte. Etablir sur le plan directeur un carroyage frontal à une échelle donnée sur la partie à représenter (échelle de la carte par exemple).

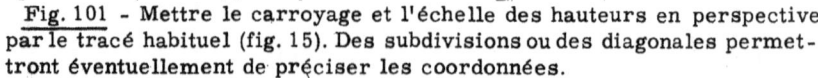

Fig. 101 - Mettre le carroyage et l'échelle des hauteurs en perspective par le tracé habituel (fig. 15). Des subdivisions ou des diagonales permettront éventuellement de préciser les coordonnées.

Les courbes de niveau figureront également et seront relevées verticalement point par point, jusqu'à leur hauteur respective.

Le contour apparent des collines sera tangent à ces courbes.

Le profil du terrain sera déterminé par les cotes d'altitude qui figurent sur les plans directeurs.

N. B. - Le plan de front est représenté sur 80 mètres de large, le spectateur est supposé à 120 mètres, le point D/3 peut donc être mis sur la limite du Tableau.

MÉTHODE DES POINTS DE FUITE

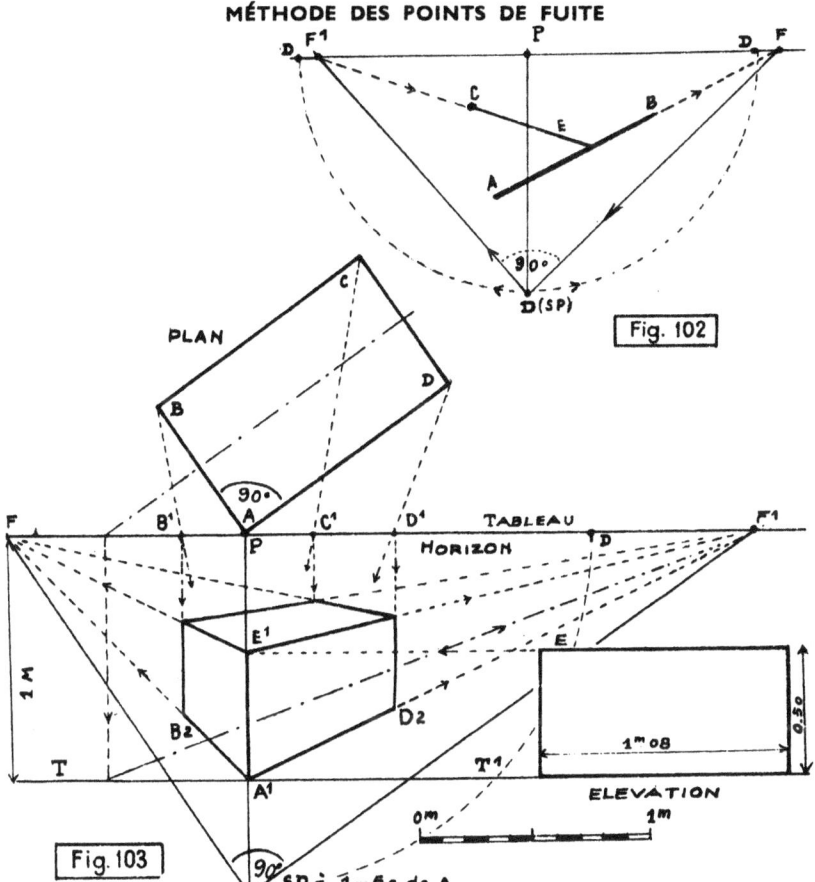

La méthode des points de fuite peut être appréciée par certains perspecteurs pour sa précision et sa rapidité ; mais elle a l'inconvénient d'être encombrante les points de fuite devant être accessibles. Pour cette raison on évitera les présentations se rapprochant du plan frontal.

Fig. 102 - Le principe de cette méthode est donné sur cette figure. Si l'on connait la fuyante A B et son point de fuite F on connaitra le géométral de cette droite en joignant D à F. Si l'on construit un angle droit en D on obtient sur l'Horizon le point F1 qui sera le point de fuite de toutes les droites perpendiculaires à la fuyante A B, (soit C E) - on remarquera que les points principaux P et D ne sont plus utilisés.

Fig. 103 - Le Tableau passant par l'angle A du géométral peut être utilisé comme ligne d'Horizon et l'on portera au-dessous la hauteur de l'Horizon au sol pour situer le Tableau (à un mètre par exemple à l'échelle du géométral).

On suppose le spectateur face à l'angle A et à 1,50 m de ce point. Si l'on construit par ce point S P des parallèles aux côtés du plan géométral on obtient sur l'Horizon les points de fuite de ces droites, F et F1. Les fuyantes seront ainsi déterminées en A1 F1 et A1 F. Leur profondeur sera donnée par la rencontre du rayon visuel B SP avec le Tableau en B1 puis B2.

Les hauteurs sont données par l'élévation qui peut être établie sur le Tableau.

MÉTHODE DES POINTS DE FUITE

<u>Fig. 104</u> - L'éloignement de la Distance entraîne l'agrandissement du Tableau.

Pour une perspective à l'échelle du géométral, sans agrandissement, la droite quelconque AB est visible sur le Tableau suivant A B1 pour un Spectateur placé en SP. Mais en doublant ou en triplant la distance du Spectateur au Tableau on double ou on triple la largeur de ce Tableau et, par conséquent, l'image perspective apparaît suivant A1 B2 sur le T X 2, ou suivant A2 B3 sur le T X 3.

<u>Fig. 105</u> - Le plan rectangulaire AB CM est donné, A est l'angle le plus rapproché du Spectateur, le côté gauche AB fait un angle de 27° avec le plan de front. La perspective est demandée au double. La distance principale réelle est représentée sur le plan par la distance SP A, on la doublera en la reportant de A en A1. On obtient ainsi le Tableau au double (T 2) sur lequel seront portés les points de fuite obtenus en traçant de SP des parallèles au côté AB et au côté AC, soit F et F1, ainsi que tous les points du géométral : B en B1, E en E1, etc...

Sur la perspective la hauteur de l'horizon, prise sur le profil, est doublée ainsi que les hauteurs J et K.

Le point A qui est dans le plan visuel principal est tout de suite en place sur la base du Tableau (T2) en A1. Deux fuyantes vers F et F1 donneront les côtés de l'objet, celui-ci sera limité par les verticales B1, B2 et C1, C2.

L'échelle des hauteurs est sur le côté de l'objet de manière à dégager l'épure.

MÉTHODE DES POINTS DE FUITE

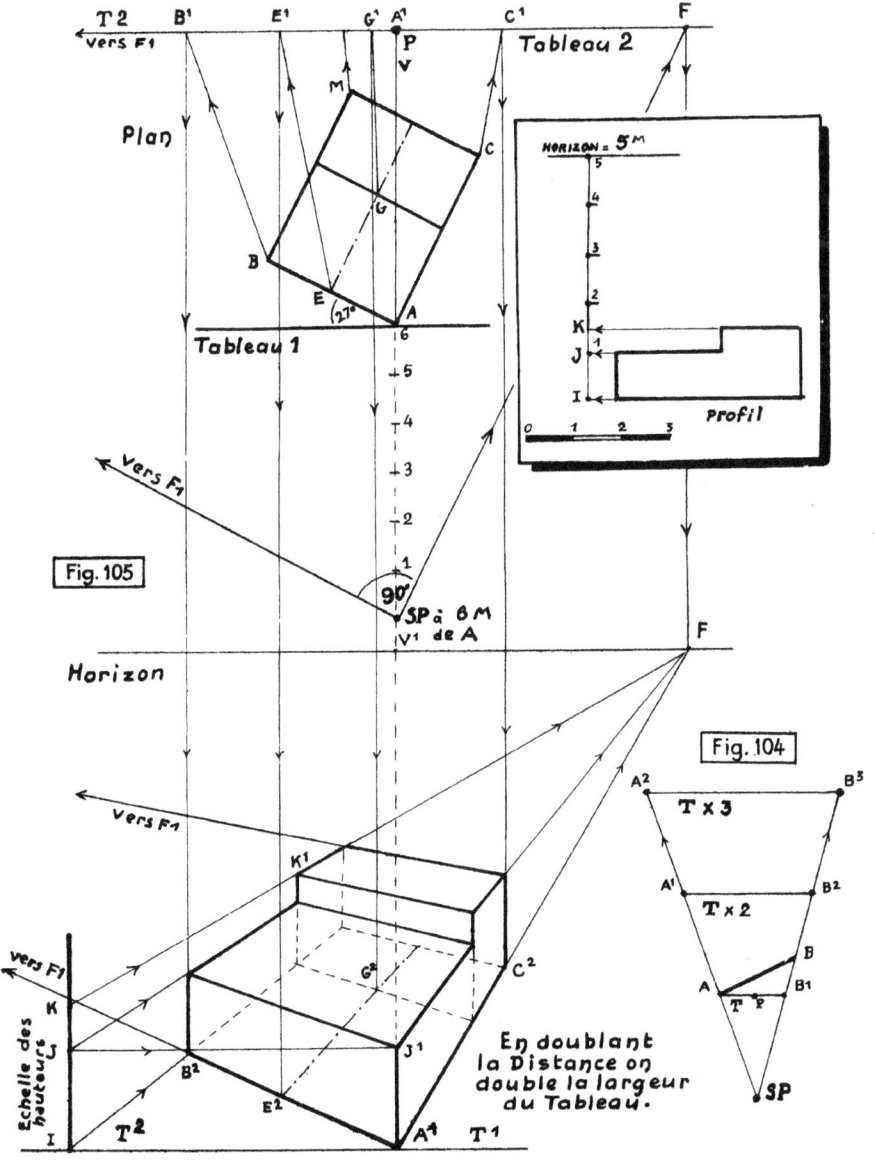

LE POINT D'ÉGALE RÉSECTION

Avec l'emploi du point de Distance les profondeurs sont obtenues par l'intermédiaire des fuyantes principales (ou fuyantes perpendiculaires au Tableau) et par des droites concourant au point de Distance.

Le point de Distance peut être considéré comme un point d'égale résection propre aux fuyantes perpendiculaires au Tableau.

Si le point de fuite d'une fuyante quelconque est accessible on peut recourir à un tracé semblable, mais le point de fuite des profondeurs devient le point d'égale résection. Ce point est d'une utilisation pratique parfois. Il permet d'établir la perspective sans avoir le géométral, il suffit de connaître les dimensions de l'objet qui sont portées frontalement en vraies grandeurs, puis reportées directement sur les fuyantes par les droites dites d'égales résections.

Fig. 106 - Tracer à une échelle donnée : l'Horizon (5,70 m) le Tableau , et situer l'emplacement du Spectateur (8 m). Il est inutile de reporter le point de Distance qui n'est plus utilisé.

La fuyante A B est quelconque, on désire lui donner une longueur égale à la droite frontale A C (4,50 m). Déterminer le point de fuite de AB en F, prendre F SP comme rayon et remonter SP sur l'Horizon en PR ou point d'égale résection, c'est le point de fuite de la corde de l'arc expliqué à la figure suivante. Joindre C à PR pour avoir C1 (A C1 est égal à AC).

La construction de la figure 39 est une légère variante de ce tracé.

Fig. 107 - Représentation en plan de la figure précédente. Le Tableau, le Spectateur, la largeur donnée AC et la fuyante AB sont connus. La largeur donnée AC serait géométriquement reportée en C1 à l'aide de l'arc C C1, la droite C C1 est la corde de cet arc. Si, en SP on trace une parallèle à C C1 (méthode des points de fuite) on obtient avec le Tableau le point de fuite de cette droite qui est la corde de l'arc et dont le point de fuite est dit point d'égale résection. Ce point porté sur l'Horizon de l'épure permet de tracer la corde de l'arc en perspective (figure ci-dessus).

LE POINT D'ÉGALE RÉSECTION ET LA CORDE DE L'ARC

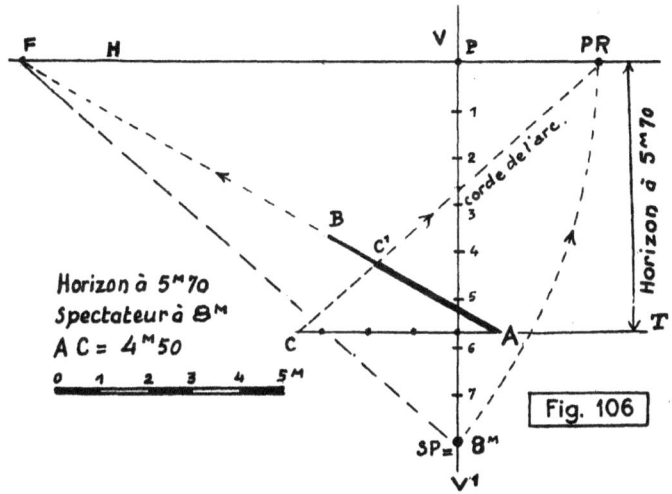

Fig. 106

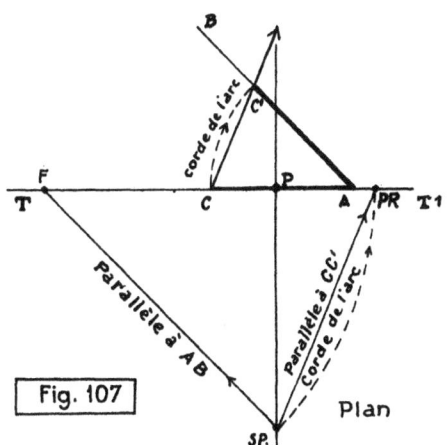

Fig. 107

POINT D'ÉGALE RÉSECTION

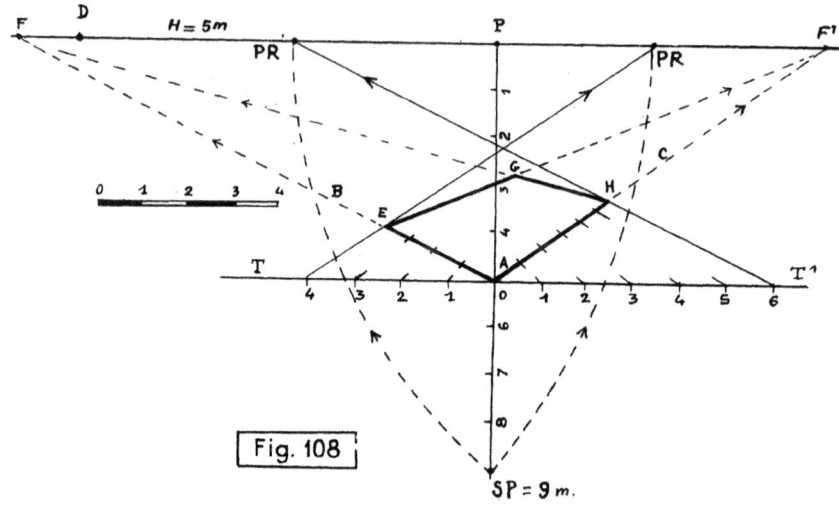

Fig. 108 - Surface rectangulaire de 4 × 6 mètres mise en perspective sans l'aide du géométral.

Le Spectateur est à 9 m du Tableau et l'Horizon à 5 m. L'angle A coïncide avec le plan principal de vision. Les dimensions sont portées en vraies grandeurs sur le Tableau (T) à une échelle déterminée. On portera les deux points d'égale résection sur l'Horizon (ils n'occupent pas obligatoirement une position symétrique par rapport à P).

<u>Remarque</u> - Ne pas confondre point de fuite et point d'égale résection, celui-ci ne sert qu'à déterminer les profondeurs. C'est un point accidentel de Distance.

La réunion des points F F1 SP donnerait un triangle rectangle.

POINT D'ÉGALE RÉSECTION

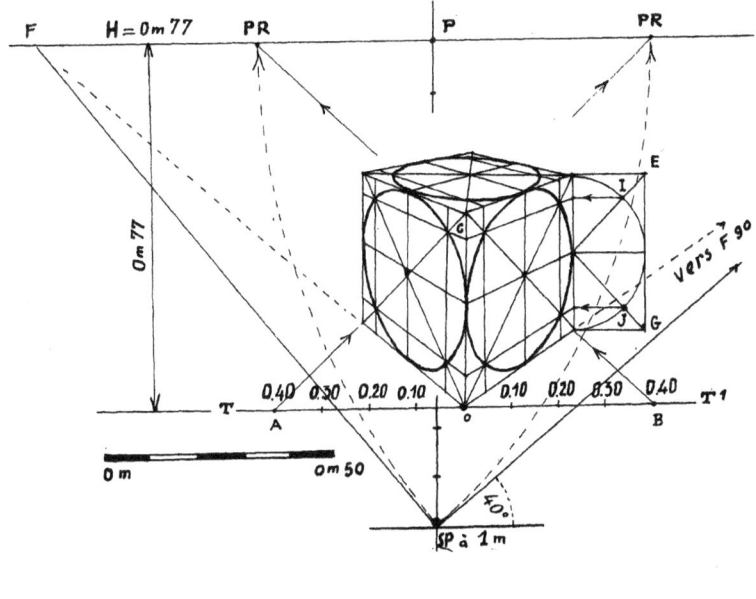

Fig. 109

Fig. 109 - Perspective d'un cube de 0,40 m de côté. L'Horizon est à 0,77 m et le Spectateur à 1 m du Tableau. L'angle 0, le plus rapproché du Spectateur, est supposé légèrement à droite du plan principal de vision. Les côtés du cube sont portés à une échelle donnée à droite et à gauche de l'angle 0, la hauteur est portée également de ce même point qui est vu en vraie grandeur (0 C).

Placer les points d'égale résection propres à chacun des côtés pour déterminer la profondeur du cube. Les points P et D ne sont pas utilisés et le tracé du plan est inutile.

La construction des cercles, qui décorent les faces du cube s'obtient par l'intersection des diagonales et des points intermédiaires I J obtenus sur les diagonales du demi-carré vu de front (E G).

On constatera en SP que le côté droit du cube fait un angle de 40° avec le plan de front.

IMAGES RÉFLÉCHIES. REFLETS DANS L'EAU

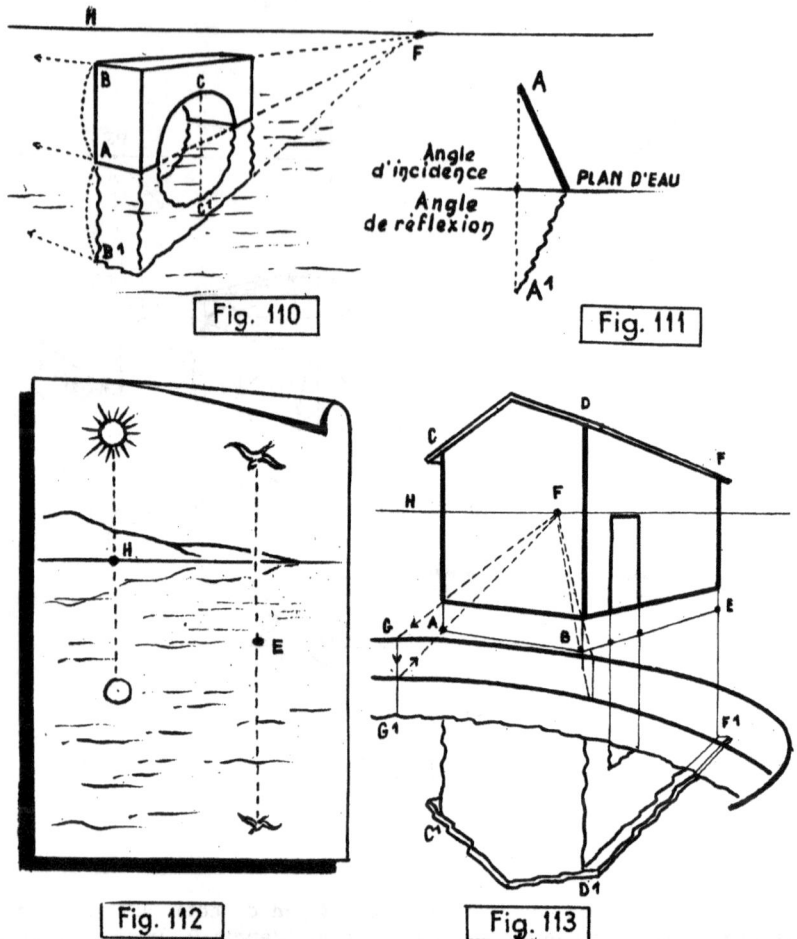

Fig. 110 - Les images réfléchies ne présentent pas de difficultés particulières. Le reflet est symétrique à l'objet par rapport au plan réfléchissant, eau ou miroir. Les points de fuite sont communs à l'objet et à son reflet.

Fig. 111 - Symétrie du reflet par rapport au plan d'eau dans une vue de front.

Fig. 112 - Tout point aérien suffisamment éloigné, pour avoir sa projection sur l'horizon (ou au-delà) aura son reflet symétrique par rapport à la ligne d'horizon (astres, montagnes très éloignées).

Un élément aérien dont la projection serait visible sur le plan d'eau, c'est-à-dire en deçà de la ligne d'horizon aurait son reflet symétrique par rapport à ce point de projection (oiseau).

Fig. 113 - Par une échelle des hauteurs prise au bord du bassin prolonger le plan d'eau sous la maison A, B, E - Ce sont les hauteurs AC, BD, EF qui se refléteront sous le plan d'eau.

Ne pas omettre le reflet du bord du bassin.

IMAGES RÉFLÉCHIES. REFLETS DANS UN MIROIR

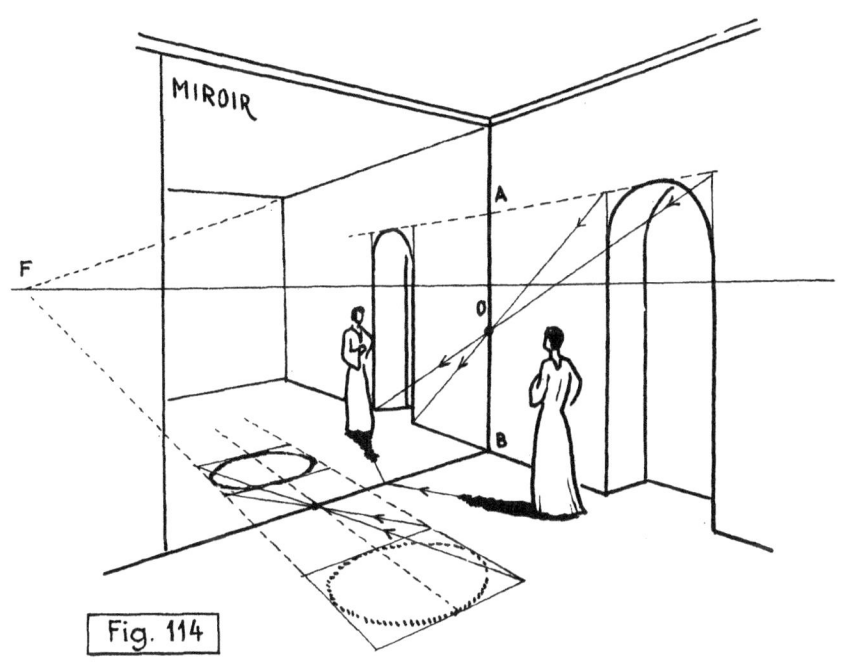

Fig. 114

Les images réfléchies étant symétriques par rapport à la surface réfléchissante on utilisera, d'une façon générale, le tracé de la figure 16 pour la reproduction inversée des motifs.

Fig.114 - Prendre, sur le plan miroir, le milieu 0 de la hauteur de la porte A B, les diagonales donneront l'emplacement du reflet de la porte. Même tracé pour le tapis mais sur le plan horizontal.

Pour le personnage, le tracé est semblable à celui de la porte. Quant à son ombre on la prolongera jusqu'au miroir. Son reflet convergera vers ce point de rencontre.

IMAGES RÉFLÉCHIES. REFLETS DANS UN MIROIR. ANGLE AIGU. ANGLE OBTUS

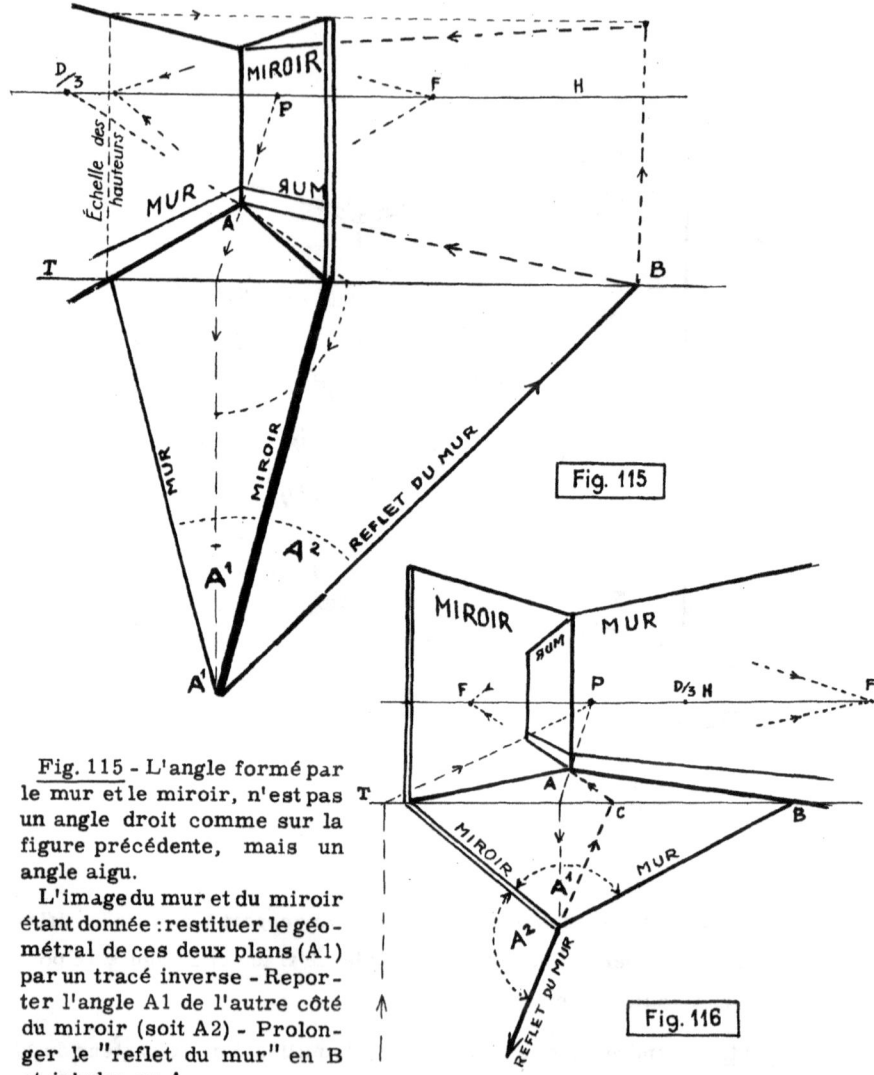

Fig. 115 - L'angle formé par le mur et le miroir, n'est pas un angle droit comme sur la figure précédente, mais un angle aigu.

L'image du mur et du miroir étant donnée : restituer le géométral de ces deux plans (A1) par un tracé inverse - Reporter l'angle A1 de l'autre côté du miroir (soit A2) - Prolonger le "reflet du mur" en B et joindre en A.

La droite B est, par rapport au miroir, symétrique au mur A T.

Fig. 116 - L'angle formé par le miroir et le mur est un angle obtus.
Restituer le géométral de A soit A1 - Reporter cet angle A1 symétriquement de l'autre côté du miroir soit A2 - Prolonger le "reflet du mur" en C et l'envoyer vers l'horizon en passant par A -

On peut limiter la longueur du mur reflété (à déterminer sur le plan) en remontant l'extrémité du mur en T et en l'envoyant à P.

Remarque - Si l'ont fait pivoter les figures d'un quart de tour, en mettant le côté droit du dessin en bas, on aura le tracé à effectuer pour obtenir le reflet de plans montants ou descendants.

- 84 -

IMAGES RÉFLÉCHIES. REFLET SUR MIROIR INCLINÉ

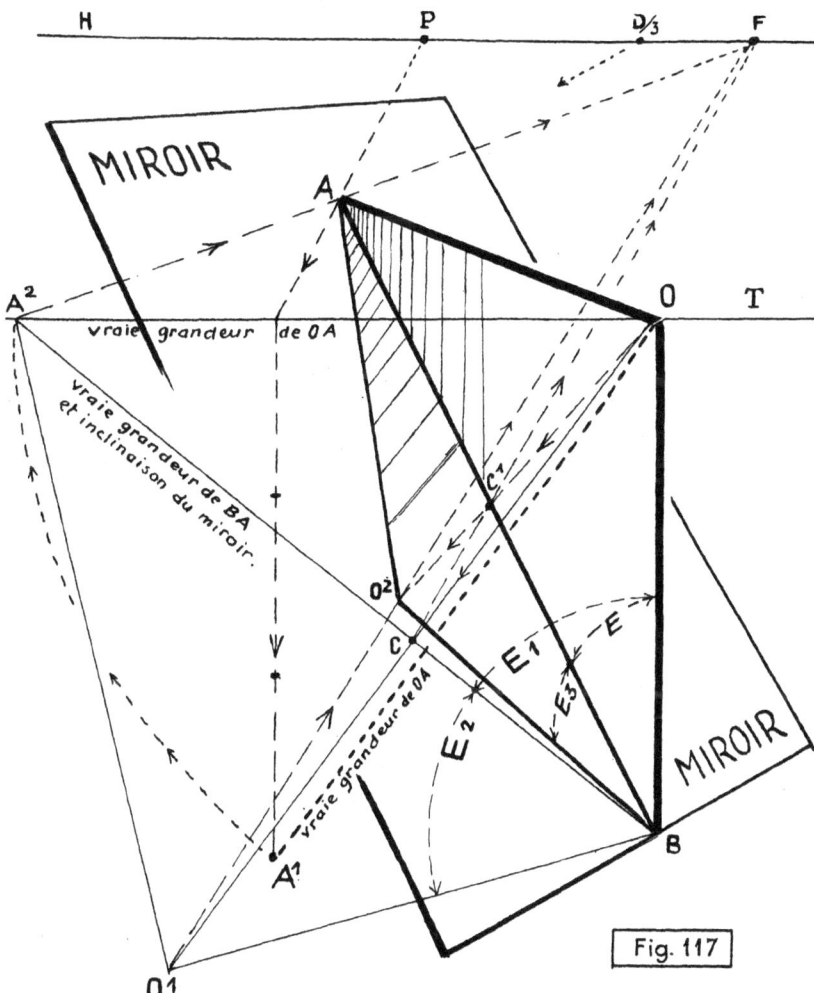

Fig. 117

Fig. 117 - On connait l'image du miroir incliné et du plan vertical triangulaire A, 0, B - La droite A B est la ligne de symétrie, située sur le plan miroir, qui servira à établir le reflet.

Restituer, au moyen d'un tracé inverse, le profil géométral du triangle A, 0, B, en utilisant le Tableau T, qu'on fera passer par 0, ce qui donnera 0 A1 qu'on reportera sur le Tableau en 0 A2 - La surface 0, A2, B, est ici en vraie grandeur - La droite A2, B correspond à l'inclinaison vraie du miroir et à la ligne de symétrie du reflet - Sur cette droite construire le triangle inversé (A2 B 01) - les angles E1 et E2 sont semblables - La droite 0, 01 donne sur l'axe de symétrie le point C qui, envoyé vers F, (obtenu sur l'horizon par la droite A2, A, et qui sert d'échelle fuyante), donne son image en C1.

Faire passer une droite par 0 et C1 et la prolonger jusqu'à la droite 01 F (échelle fuyante) pour connaître en 02 le reflet de 0 - Joindre A et B à 02 - (l'angle E3 est perspectivement semblable à l'angle E).

- 85 -

VUE PLONGEANTE OU PLAFONNANTE.
EMPLOI DU TABLEAU INCLINÉ

Lorsqu'un objet est situé hors du plan d'Horizon, le regard, c'est-à-dire le rayon visuel principal, se dirige au-dessus ou au dessous de ce plan horizontal et le Tableau s'incline, puisque celui-ci est toujours perpendiculaire au rayon visuel principal.

Pratiquement, surtout si l'objet n'est pas très éloigné du plan d'Horizon, on conserve le Tableau vertical. Dans certains cas particuliers destinés à mettre en évidence, soit la hauteur des objets, soit la hauteur du Spectateur (vue d'avion) l'emploi du Tableau oblique est indispensable.

Dans les Arts, cette présentation est peu usitée pour des raisons d'esthétique et pour les déformations qu'elle provoque, peu conformes à l'idée que nous avons des choses, des lois de la composition et de l'équilibre.

En Illustration et en Publicité ces déformations sont souvent la source d'une présentation originale.

Les photographies prises avec un appareil incliné donnent des images où les verticales sont traduites par des obliques qui concourent vers un point de fuite aérien ou souterrain.

Dès qu'une droite n'est plus parallèle au Tableau, elle a une perspective. C'est le cas d'une verticale par rapport au Tableau incliné comparable à une fuyante horizontale par rapport au plan du Tableau.

<u>Fig. 118</u> - Le Spectateur dirige son regard vers le bas (P) pour regarder la chaise. Le Tableau est alors oblique puisqu'il reste toujours perpendiculaire au rayon visuel principal. Les verticales deviennent des obliques fuyant vers le bas.

Au plan d'horizon et à la ligne d'horizon s'ajoutent le plan incliné principal et la ligne principale.

<u>Fig. 119</u> - Le regard dirigé vers le haut donne des verticales fuyant vers le haut.

VUE PLONGEANTE. VUE PLAFONNANTE

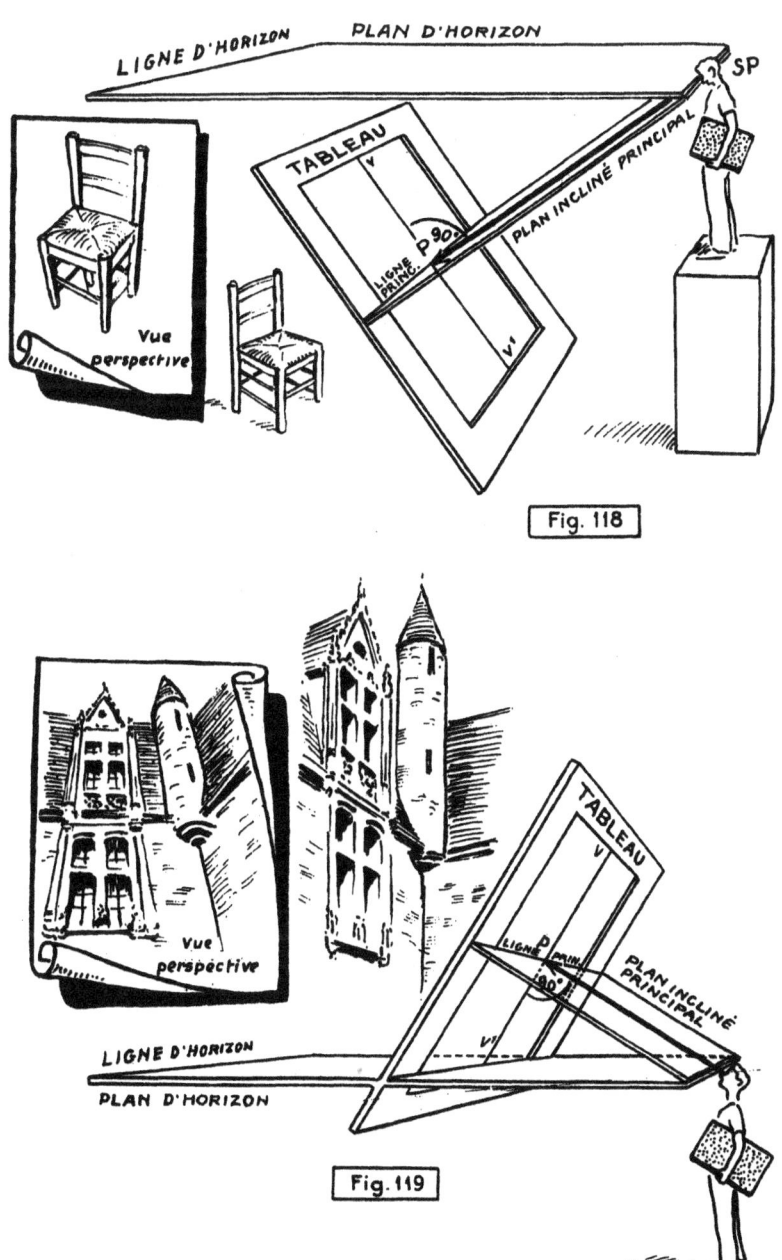

Fig. 118

Fig. 119

VUE PLONGEANTE.
POSITION DES TROIS POINTS DE FUITE

Fig. 120 - Après avoir établi le géométral du cube, on déterminera l'emplacement du Spectateur sur le profil (SP) et sur le plan (SP1) en tenant compte de l'ouverture des angles visuels.

L'angle d'inclinaison par rapport au plan d'Horizon étant donné (50°) tracer le rayon visuel principal, en plan et de profil.

Le Tableau (T T1) qui touche l'angle le plus rapproché de l'objet (A) est naturellement perpendiculaire au rayon visuel principal. On constatera qu'il rencontre, en haut, le plan d'Horizon, et en bas le plan neutre.

C'est à l'intersection du Tableau avec le plan d'Horizon (V) que seront les points de fuite des arêtes HORIZONTALES du cube, et c'est à l'intersection du Tableau avec le plan neutre que sera le point de fuite (F 3) des arêtes VERTICALES (Le plan neutre est le plan vertical qui passe par le Spectateur.

Sur le plan du géométral construire sur SP1 un angle parallèle aux faces du cube dont on prolongera les côtés jusqu'à leur intersection avec la droite H H1, qui représente en plan la rencontre du Tableau et du plan d'Horizon, et l'on connaitra les deux points de fuite (F1 et F2) des surfaces horizontales.

On obtient ainsi en géométral tous les éléments nécessaires à l'établissement de l'épure.

Fig. 121 - Débuter l'épure par le tracé du plan visuel principal traduit par la verticale V2, P, F3, (c'est la droite V, P, F3 du géométral) le point V2 est sur le plan d'horizon. C'est le point V du profil et le point V1 du plan sur le géométral.

Reporter sur le plan d'horizon de l'épure les points de fuite des plans horizontaux situés sur le géométral à gauche et à droite de V1 (V2 sur l'épure), soit F1 et F2, ainsi que la Distance (D). On a donc sur l'épure trois points de fuite F1, F2 pour les horizontales, et F3 pour les verticales.

Une droite DP donnera l'angle d'inclinaison du géométral (50°). La distance V2, D, est celle du géométral SP, P -

Le point A sur l'épure représente l'angle du premier plan et touche le Tableau. La largeur P, A, de l'épure, qui est à droite du plan visuel principal, correspond à la largeur P A du plan du géométral.

La suite de ce tracé est donnée à la figure suivante où deux des points de fuite sur trois sont volontairement inaccessibles.

Il va de soi, qu'on ne devra jamais négliger la présence d'un seul de ces points de fuite s'il apparaît accessible.

Schéma - On remarquera que les trois hauteurs du triangle F1, F2 F3 se croisent sur le point principal (P).

PERSPECTIVE PLONGEANTE.
POSITION DES POINTS DE FUITE

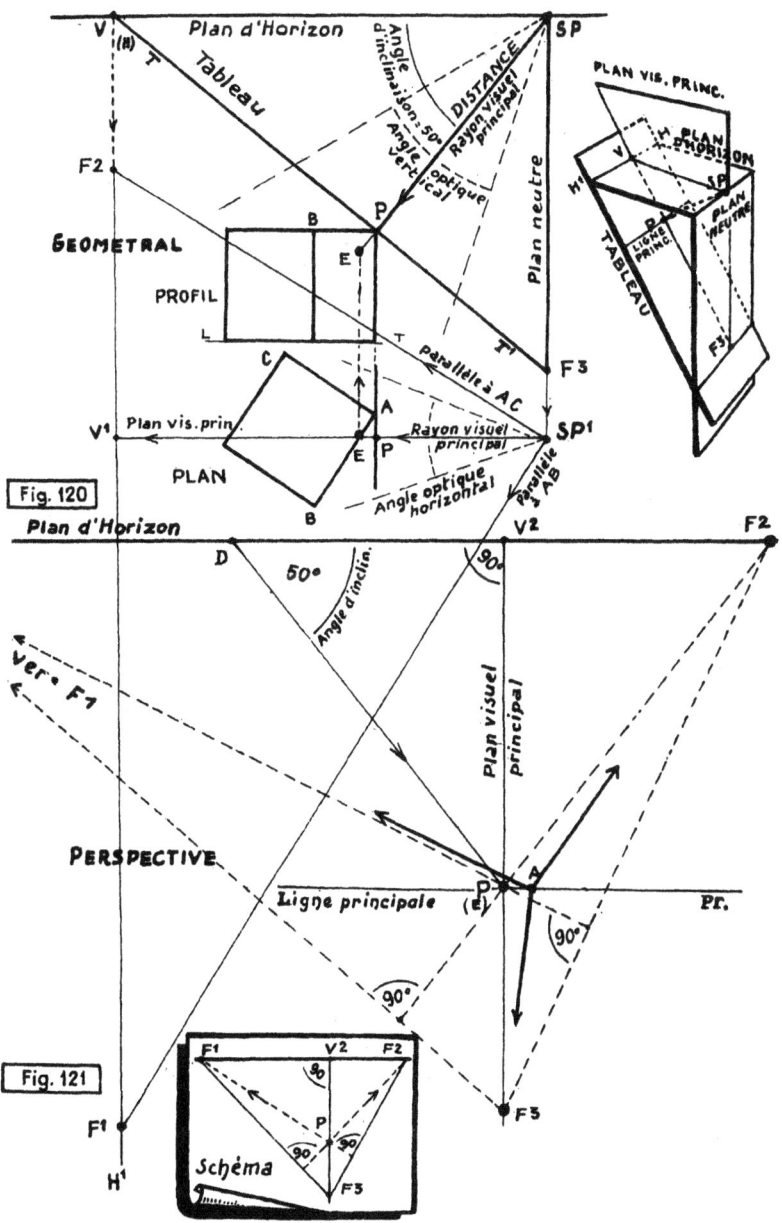

Fig. 120

Fig. 121

PERSPECTIVE PLONGEANTE

Fig. 122 - Les données sont déterminées sur le géométral comme à la figure précédente, mais avec le Spectateur face à l'angle P de l'objet.

La place étant limitée, les points de fuite sont pratiquement inaccessibles (toutefois ne pas négliger d'utiliser l'un des points de fuite s'il se révèle accessible - F3 -).

Tracer sur l'épure la verticale figurant le plan visuel principal, ainsi que la ligne principale, afin d'avoir à leur intersection le Point Principal (P).

Le Spectateur aperçoit certains points de l'objet au-dessus de son rayon visuel principal, tels que A qui sera vu sur le Tableau en A1, B en B1, etc... D'autres seront vus au-dessous de P tel que H vu en H1.

Ces points seront portés sur l'épure les uns au-dessus de P, comme A1, C1, B1, les autres comme H1 seront portés au-dessous.

Selon que ces points apparaissent au-dessus ou au-dessous du Point Principal le Spectateur les voit à gauche ou à droite du plan visuel principal. Il faut donc connaître la Distance latérale à laquelle ces points se situent sur le Tableau par rapport au plan visuel principal.

Ainsi le point A, visible au-dessus de la ligne principale et déjà reporté sur l'épure en A1, apparaît sur le plan à gauche du Spectateur, suivant la distance A2, A3 du plan visuel principal. Cette distance A2, A3 sera reportée sur l'épure horizontalement et à gauche à la hauteur de A1 (A1, A2).

Même tracé pour chaque point de l'objet.

L'angle P qui touche le Tableau juste au Point Principal se trouve de ce fait directement placé. Il est vu en vraie grandeur.

Si l'une des arêtes verticales du cube, prolongée, rencontre le plan visuel principal on aura le point de fuite des verticales (exemple : A2, E, F3).

On peut agrandir la perspective en multipliant toutes les dimensions prises sur le géométral.

N. B. - En examinant le dessin sens dessus dessous on obtient l'image d'une vue plafonnante.

PERSPECTIVE PLONGEANTE
PAR LA MÉTHODE DES COORDONNÉES

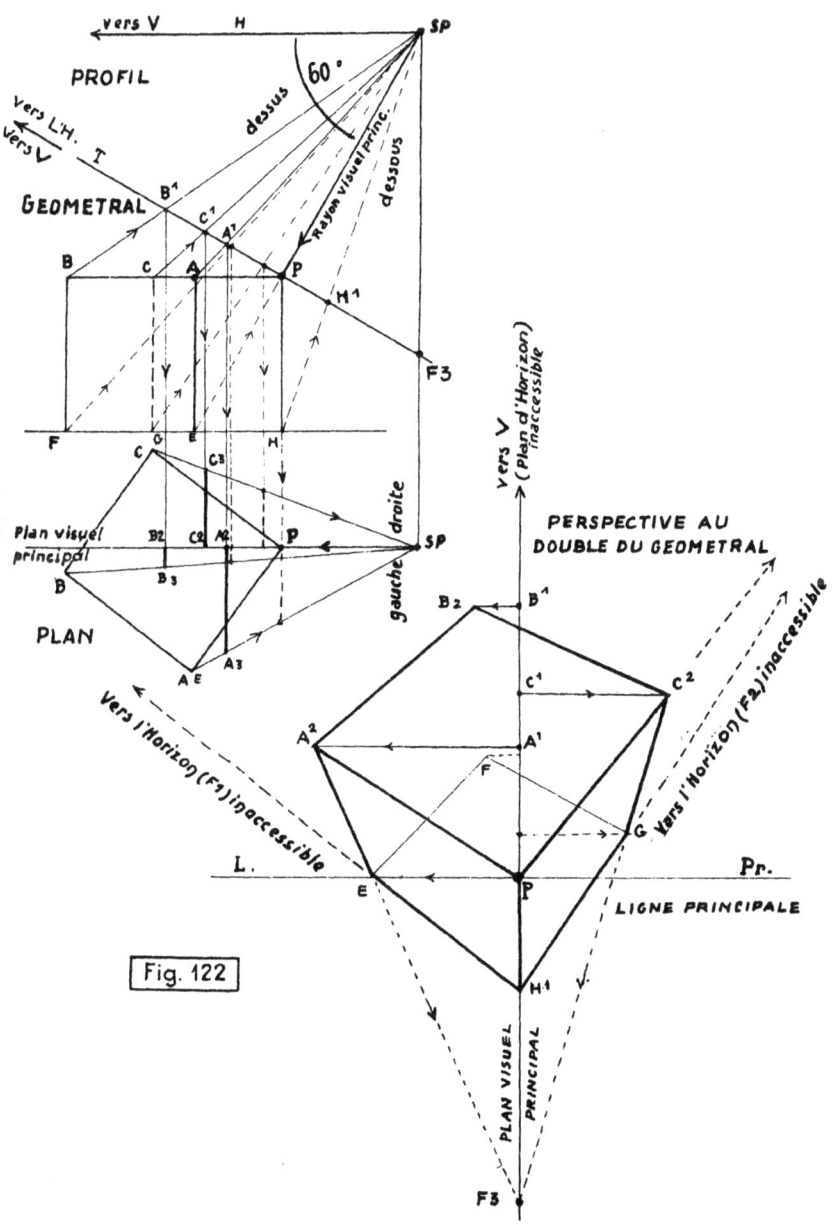

Fig. 122

PERSPECTIVE PLAFONNANTE PAR LES COORDONNÉES

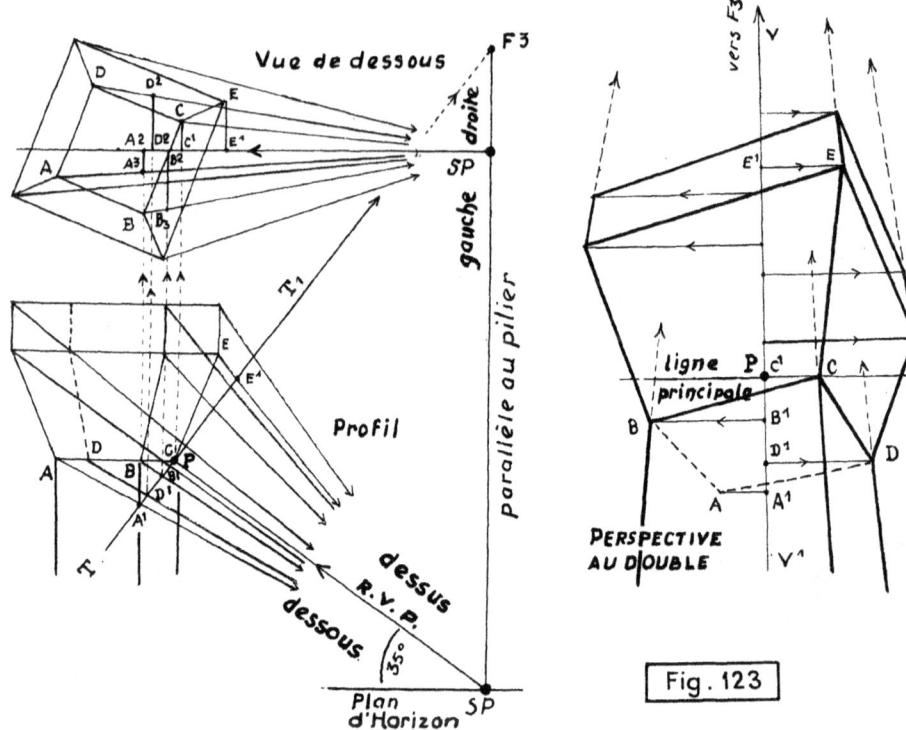

Fig. 123 - La perspective plafonnante représente, comme son nom l'indique, les objets vus de dessous.

Le tracé est le même que pour la perspective plongeante, mais renversé.

Le point de fuite (F3) des verticales, pratiquement inaccessible, ne figure sur le géométral qu'à titre d'indication.

Sur le profil l'angle A se projette sur le Tableau en A1, au dessous du rayon visuel principal. La distance P, A1 est reportée (en la doublant) sur l'épure et sous le point P.

On prendra sur la vue de dessous la largeur A2, A3 située à gauche du plan visuel principal, pour la reporter sur l'épure (en la doublant) à gauche de la verticale principale et au niveau de A1. On obtiendra ainsi le point A en perspective.

PERSPECTIVE PLONGEANTE

Fig. 123bis

PERSPECTIVE PLONGEANTE.
EMPLOI DE LA DISTANCE RÉDUITE

Cette méthode a l'avantage d'utiliser le minimum de place, le tracé constructif pouvant, ici, se superposer ou se juxtaposer au géométral.

Fig. 124 - Le géométral représente un parallélépipède de profil et en plan ainsi que l'inclinaison du Tableau T T1.

Nous pourrons utiliser la méthode courante si nous considérons QUE C'EST L'OBJET QUI EST INCLINE ET NON LE TABLEAU.

Reproduire le profil donné en géométral, mais en mettant le Tableau vertical, c'est alors l'objet qui s'incline.

La ligne principale sur laquelle se place P se trouve normalement entre les points extrêmes E1 M (soit la hauteur du Tableau).

La longueur du parrallélépipède est portée sur le plan en L, L1.

Placer au milieu la droite V V1 et le point P. Le point de Distance sera déterminé suivant la règle habituelle (D/3 ou D/4).

Joindre B1 et L2 à P. Ramener du profil donné B en B1 sur le Tableau, prendre le quart de la profondeur et tendre une droite vers D/4 pour obtenir le point B2. Même tracé pour les autres points.

On remarquera que si l'on regarde cette figure par le côté gauche, on obtient une présentation classique avec cette différence que D/4 est sur la ligne V V1 au lieu d'être sur l'horizon, mais ce n'est là qu'une variante.

Pour une vue plafonnante, regarder l'image sens dessus dessous.

PERSPECTIVE PLONGEANTE.
EMPLOI DE LA DISTANCE RÉDUITE

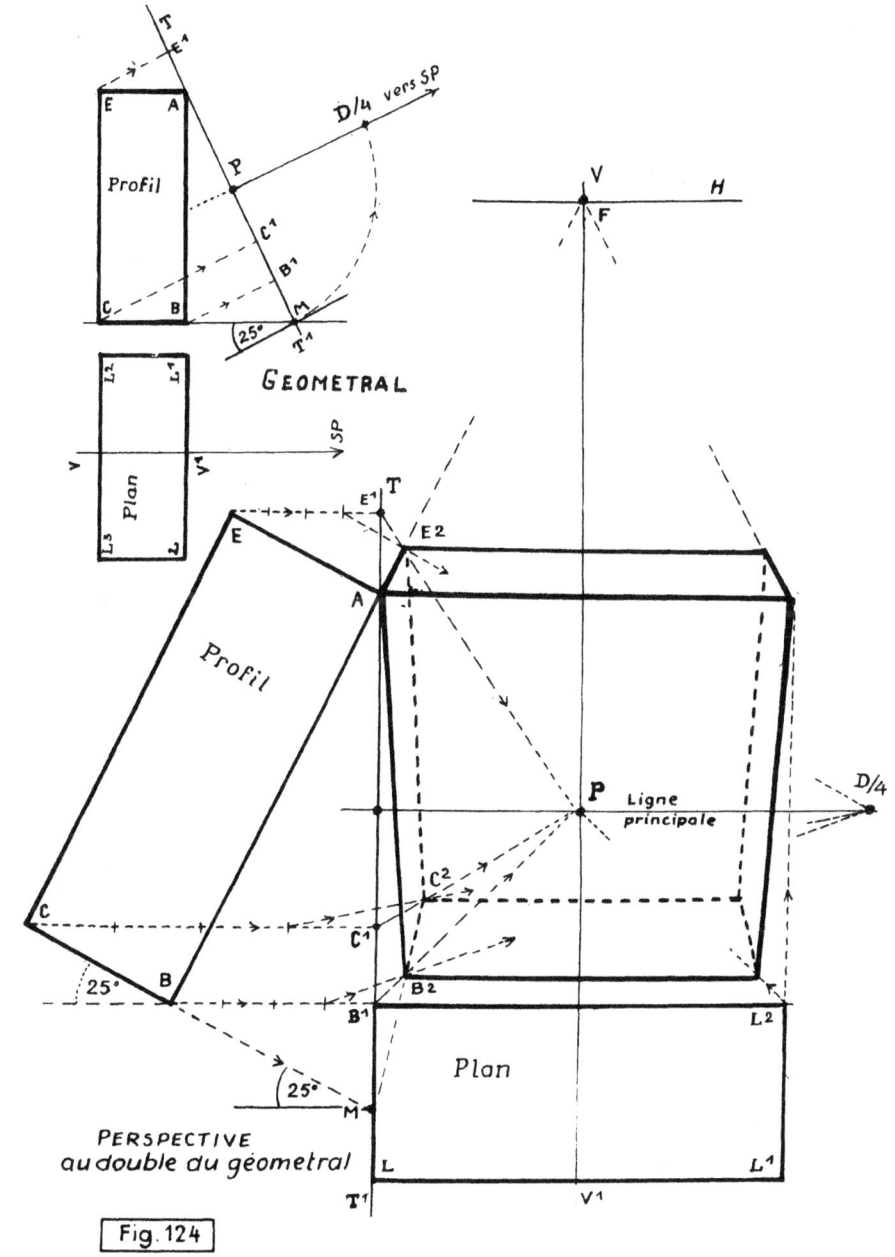

Fig. 124

PERSPECTIVE PLONGEANTE.
EMPLOI DE LA DISTANCE RÉDUITE

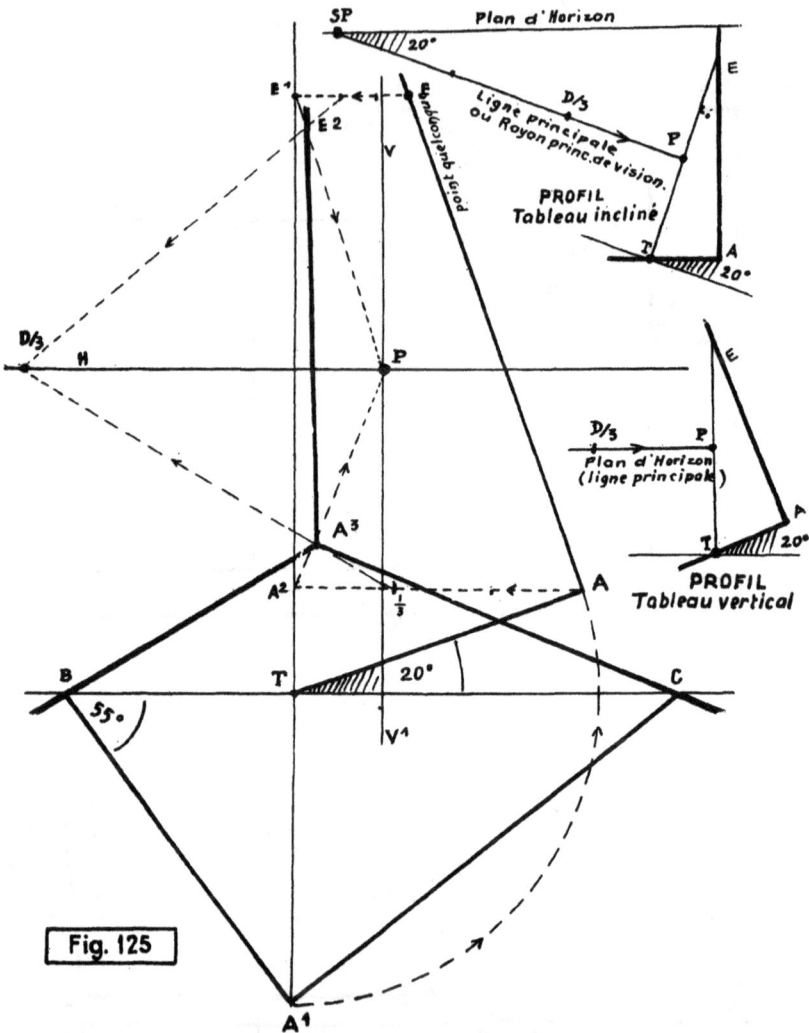

Fig. 125

Fig. 125 - Supposons l'angle intérieur d'une pièce vu d'une certaine hauteur. Comme pour la figure précédente, on fera basculer le profil-géométral donné en T, A, E, afin de retrouver le Tableau vertical (la perspective est agrandie quatre fois).
On admet que le rayon visuel principal fait un angle de 20° par rapport au sol et que le côté gauche de la pièce fait un angle de 55° par rapport au Tableau. Par le point T tracer la frontale BC et rabattre A en A1, ce qui permet d'établir le plan de l'angle droit en tenant compte que le côté gauche B A fait 55° avec la frontale.
Porter A en A2, et tendre une droite vers P, le tiers de la profondeur A A2 envoyé à D/3 donnera en A3 l'image de A en A1. Le point E2 sera obtenu de la même façon, il permettra de déterminer l'arête E2 A3 (E est quelconque)

VUE PLAFONNANTE. LES TROIS POINTS DE FUITE

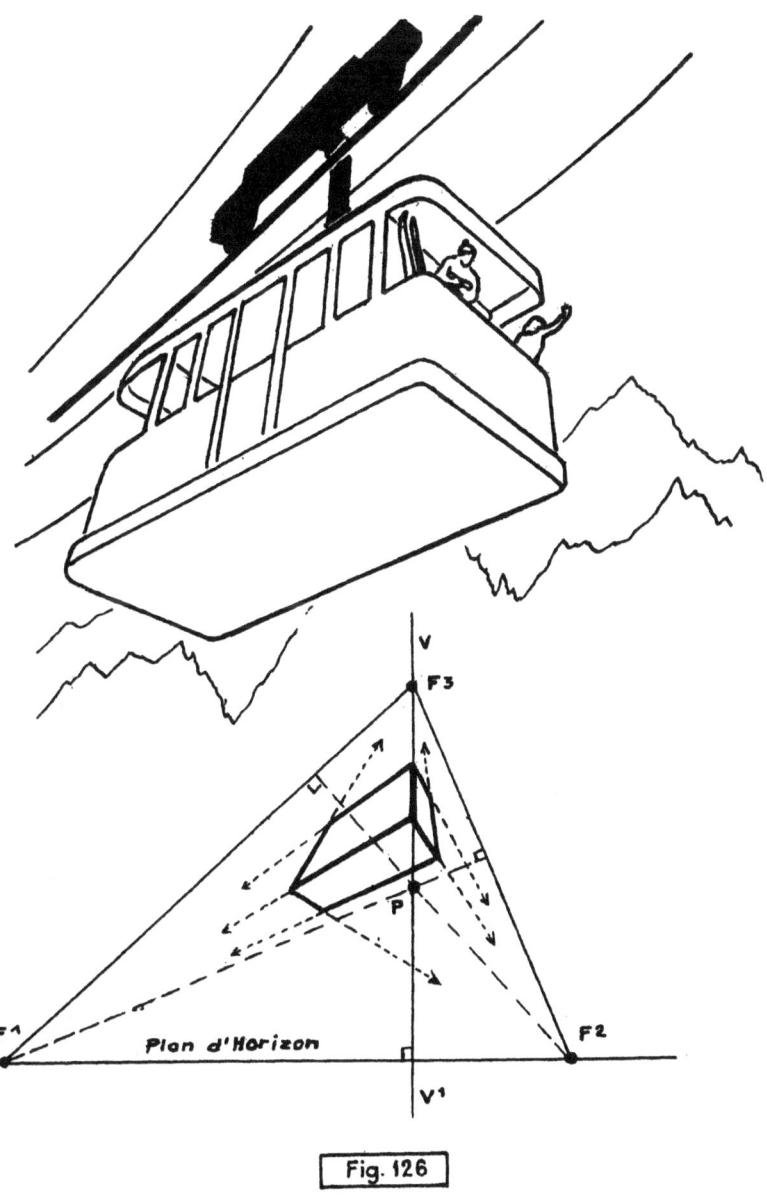

Fig. 126

Fig. 126 - Les perpendiculaires au côté du triangle se croisent au point P (voir le schéma de la figure 121).

LA RESTITUTION PERSPECTIVE OU PERSPECTIVE INVERSE

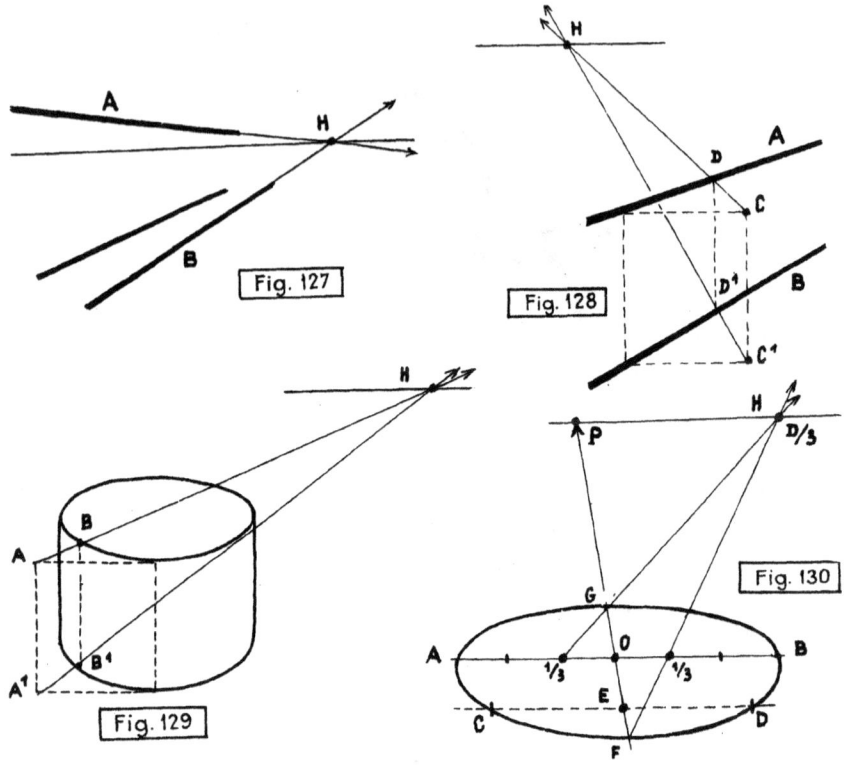

La "Photogrammétrie" ou "métroperspective" consiste à reconstituer le géométral d'après une vue perspective (dessin ou photographie) et d'en déterminer les dimensions.

Quatre éléments sont nécessaires pour une restitution. 1° la ligne d'Horizon - 2° le point principal - 3° le point de Distance - 4° une dimension. (qui peut être la hauteur de l'Horizon, la distance du Spectateur au Tableau ou la distance focale). Normalement, le point principal est au milieu géométrique d'un cliché photographique.

Recherche de l'Horizon, du point principal et du point de distance -

Fig. 127 - L'Horizon est déterminé par la rencontre de deux fuyantes parallèles.

Fig. 128 - Le point de fuite des fuyantes, très éloigné, est inaccessible. Construire un plan frontal passant par deux fuyantes et une verticale entre ces deux fuyantes à un endroit quelconque. On obtient ainsi un autre plan fuyant, C C1, D D1, dont les côtés prolongés donnent, à leur intersection, la ligne d'Horizon.

Fig. 129 - Même tracé qu'à la figure 128 - appliqué au cylindre.

Fig. 130 - Seul le cercle et son centre 0 sont connus. Tracer le diamètre frontal A B, puis une sécante frontale C D, dont on prendra le milieu E - on aura ainsi le diamètre perpendiculaire au Tableau 0, E, F, G. Prendre le tiers des rayons frontaux, le joindre d'une part à G d'autre part à F. Leur intersection donnera à la fois l'Horizon et D/3. P est donné par la droite F G prolongée.

LA RESTITUTION PERSPECTIVE OU PERSPECTIVE INVERSE

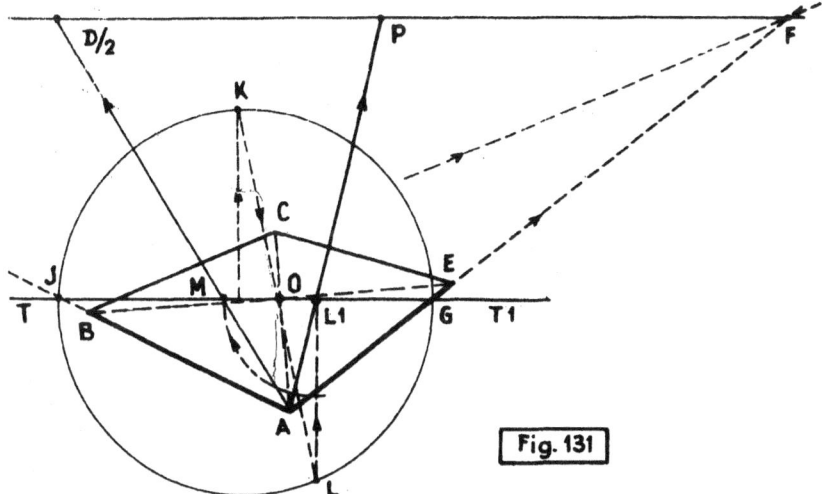

Recherche de l'Horizon, du point P
et de la Distance (D/2)

Fig. 131 - On connait l'image d'un carré et de l'Horizon qui a été déterminée en F par l'intersection de deux fuyantes prolongées.

Tracer une charnière T T1 passant par le centre 0 du carré et établir une circonférence de diamètre G J (J A G formant un angle droit).

Du point-milieu K (sur le diamètre vertical du cercle) une droite passant par 0 donnera sur la circonférence le point L qu'on remontera sur la charnière (L1).

Cette perpendiculaire au Tableau a sa perspective en A L1 qui, prolongée, donnera P sur l'Horizon.

La demi-pronfondeur L L1 remontée sur la charnière en M permettra de connaitre D/2 par la droite AM prolongée jusqu'à l'Horizon.

LA RESTITUTION PERSPECTIVE. RECHERCHE DE L'HORIZON DU POINT PRINCIPAL ET DE LA DISTANCE

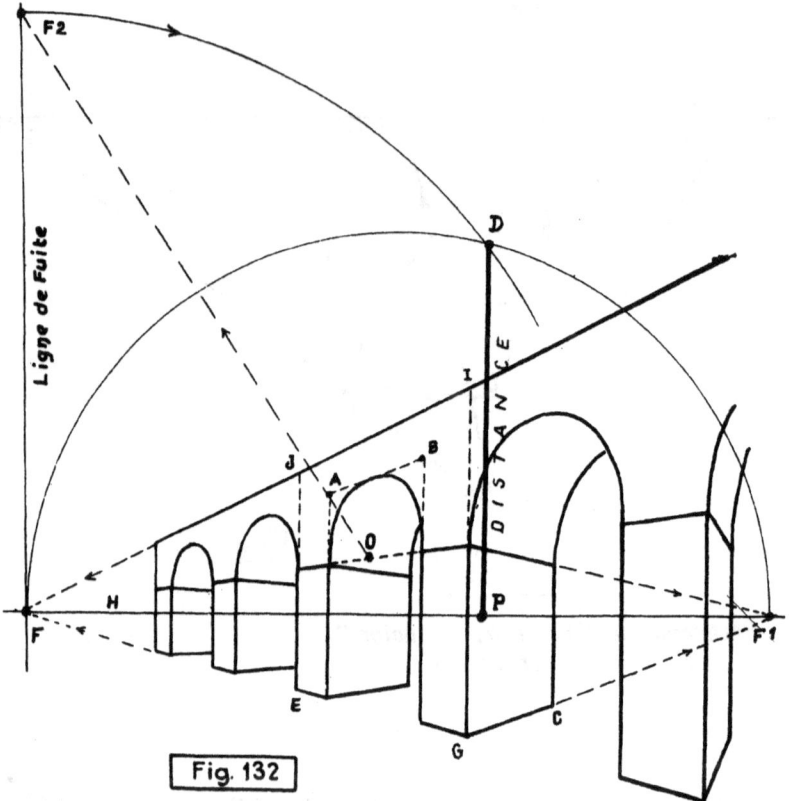

Fig. 132

Fig. 132 - L'édifice est donné et l'horizon déterminé - Un angle droit est connu en G il a ses points de fuite en F et F1 - Un deuxième angle droit et non parallèle est nécessaire pour la recherche du point de distance. On le trouvera dans la demi-diagonale du demi-carré circonscrit à la voute en plein cintre, ce qui donnera le point F2 sur la ligne de fuite verticale permettant de décrire une deuxième circonférence de rayon F, F2 - L'intersection avec la circonférence de diamètre F, F1 déterminera le point de distance (D). Une perpendiculaire sur l'horizon donnera le point principal (P).

On verra à la figure suivante la manière de reconstituer le géométral. On ne connaît qu'une dimension qui est la hauteur de l'horizon (10 mètres).

Remarque : la Distance est obtenue par l'intersection de deux circonférences dont les diamètres sont donnés par les deux points de fuite respectifs propres à deux angles droits non parallèles situés soit sur le même plan soit, comme sur cette figure, sur un plan vertical et un plan horizontal.

N. B. - Il est inutile, ici, de dessiner complètement le carré circonscrit à l'arcade et de tracer les deux diagonales pour avoir sur la ligne de fuite verticale le diamètre du grand arc, car le prolongement de la seconde diagonale vers le bas jusqu'à la ligne de fuite donnerait un point d'intersection symétrique à F2 par rapport à F.

LA RESTITUTION PERSPECTIVE.
RECHERCHE DU PLAN DE L'ÉLÉVATION ET DES COTÉS

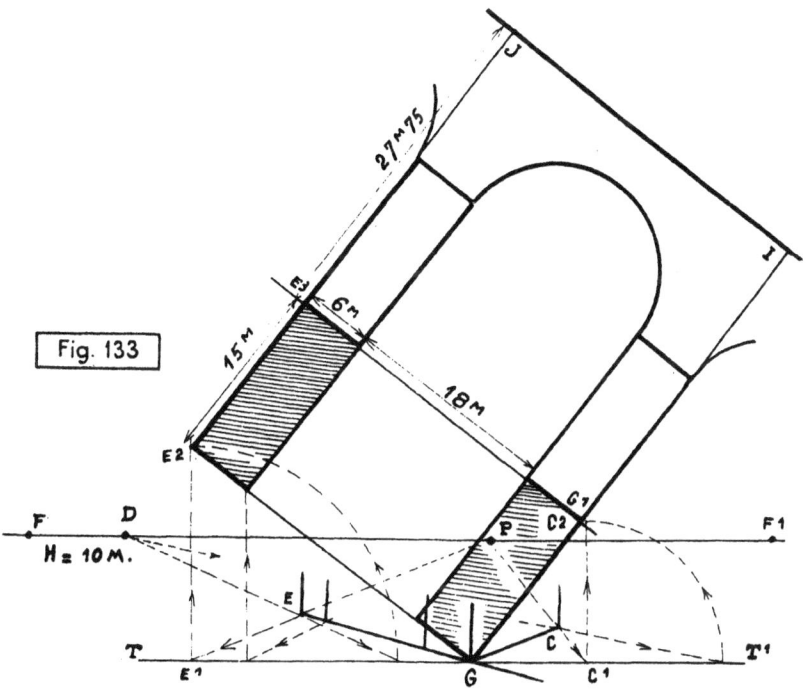

Fig. 133 - Pour laisser plus de clarté au tracé, seule une partie de la base de l'édifice précédent a été reproduite (G, E, C).
La ligne d'Horizon est à 10 mètres du sol, le point principal et la distance ont été déterminés sur le tracé précédent. Faire passer la base du Tableau par le point le plus rapproché de l'objet (G).
Le relèvement de la base s'effectuera par le tracé inverse à celui employé jusqu'ici par la méthode des points de distance. De P l'angle E est projeté sur le Tableau (E1) et remonté verticalement - De D le point E est ramené, également, sur le Tableau et reporté en E2. Joindre E2 à G. Même tracé pour les autres points pour obtenir la restitution du plan géométral.
Les hauteurs, pour l'élévation, seront prises sur l'angle G, I, de la vue précédente puisque cette arête, au plan du Tableau, est en vraie grandeur. L'échelle est donnée par la hauteur de l'Horizon (10 mètres).
Pratiquement, ce tracé se superpose au précédent.

LA RESTITUTION PERSPECTIVE

Fig. 134 - L'image du rectangle A B C D est donnée ainsi que l'Horizon. Le point P est sur la médiane du cadre ou de la largeur totale de l'objet. Tracer une frontale T T1 passant par l'un des angles (B par exemple) et le demi-cercle dans lequel s'inscrira l'angle droit B, A2, T1 (fig. 131).

Prolonger le côté A2, T1 jusqu'à la profondeur D2 obtenue par la fuyante P D D1 remontée verticalement (soit D2).

Construire l'échelle entre le Tableau (T) et l'Horizon pour pouvoir déterminer les dimensions du plan (4, 75 m × 6 m).

Remarque : Le point D n'a pas été utilisé.

Fig. 135 - Seule la longueur de la façade est connue, on désire avoir la dimension de la largeur.

Si la place le permet, on recherchera simplement la vraie grandeur de la fuyante A B et on divisera cette droite géométrale en sept parties. Mais, si la place fait défaut, on réduira le tracé en portant sept divisions égales sur la frontale T, T1 - On enverra une fuyante de la septième division vers B en la prolongeant sur l'Horizon pour avoir le point F qui sera le point de convergence de toutes les divisions.

Le mur se trouve ainsi divisé en sept mètres.

L'intervalle A, E, équivaut à un mètre vu en perspective. On en recherchera la vraie grandeur au moyen des deux fuyantes principales émanant de P et de D/2. Ce mètre en vraie grandeur permet de calculer la hauteur du mur et, éventuellement, la profondeur du parallélépipède au moyen de la droite principale P, C, C1.

Remarque importante - Les divisions portées sur la frontale T, T1 (1, 2, 3, etc..) sont arbitraires et ne peuvent, en aucun cas, être utilisées comme de vraies grandeurs.

LA RESTITUTION PERSPECTIVE

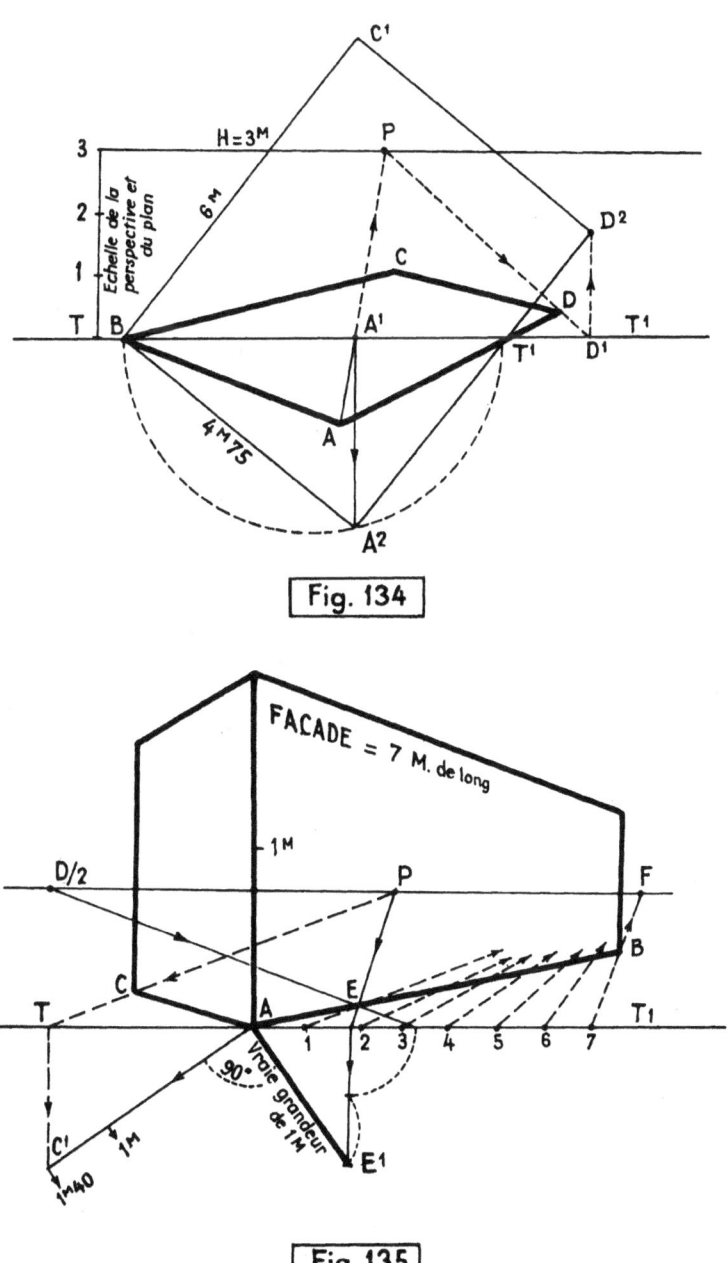

Fig. 134

Fig. 135

LA RESTITUTION PERSPECTIVE

Fig. 136 - L'image étant donnée et la ligne d'horizon déterminée ainsi que le Point Principal et le Point de Distance on ramènera sur la ligne du Tableau T T1 les différents points de l'image par des fuyantes perpendiculaires ainsi que leur profondeur, comme l'angle C par exemple, qui donne C1 et qui est remonté perpendiculairement au Tableau. La profondeur C2 portée 8 fois (avec D/8) donnera le point géométral C3.

L'ouverture ménagée dans le mur de clôture est ramenée sur le Tableau par des fuyantes émanant de P et qui sont remontées perpendiculairement jusqu'au géométral. Il en sera ainsi pour tous les autres points.

L'échelle du géométral étant donnée par la hauteur de l'horizon on pourra connaître les dimensions du terrain et du bâtiment.

Fig. 137 - Lorsqu'il s'agit d'un plan curviligne ou d'une courbe quelconque on prend des points comme A et B par exemple et on détermine le géométral de chacun de ces points comme pour le tracé ci-dessus.

LA RESTITUTION PERSPECTIVE

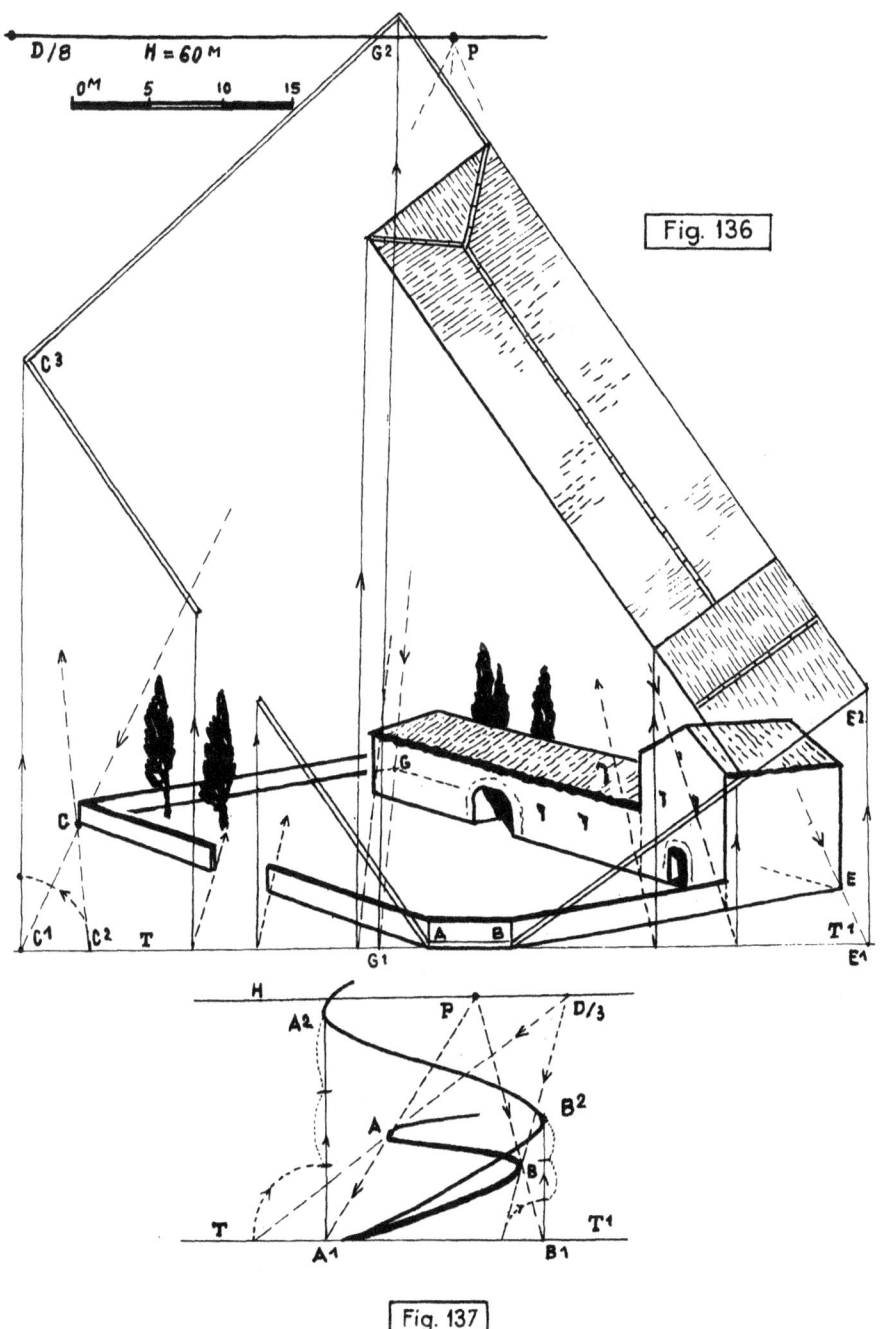

Fig. 136

Fig. 137

LE TABLEAU CYLINDRIQUE

L'emploi du Tableau cylindrique donne une vision beaucoup plus réelle des objets que le Tableau plan ; surtout lorsque ceux-ci sont sur une surface étendue (un panorama).

Il n'y a plus à tenir compte des limites de l'angle visuel normal. Il peut être ici de 360°, ce qui permet l'établissement d'un panorama circulaire, sans que les objets subissent des déformations sur les côtés.

La surface circulaire du Tableau étant à une distance constante de l'oeil, les rayons visuels horizontaux, oeil-tableau, déterminent à leur rencontre avec le Tableau autant de points de fuite principaux.

En utilisant la cartographie (carte d'état-major au 20/1000, 50/1000), ce procédé permet la reconstitution exacte d'un secteur important sans avoir de déformations latérales. Les accidents de terrain sont obtenus par la mise en perspective des courbes de niveau indiquées sur les cartes (fig. 100).

Le tracé préliminaire diffère de celui utilisé avec le Tableau plan. Les trois graphiques suivants sont nécessaires : 1° tracé sur le plan de l'angle visuel choisi, du Tableau courbe et des profondeurs, 2° un abaque (pour déterminer les profondeurs) 3° la grille, qui est le développement du Tableau courbe.

Dans bien des cas, on peut se contenter d'un carroyage pour obtenir un résultat rapide et satisfaisant.

Fig. 138 - Avec le Tableau-plan la distance SP, B, est la plus courte, elle correspond au rayon visuel principal. C'est le seul point qui est vu, théoriquement, sans déformation s'il se présente à la hauteur de l'horizon.

Fig. 139 - Avec le Tableau cylindrique, la distance du Spectateur au Tableau est constante et n'importe quel point du cylindre A, B, C, est vu sans déformation, s'il est à la hauteur de l'horizon.

Fig. 140 - Tout plan vertical perpendiculaire au Tableau devient un "alignement" et représente la direction d'un rayon visuel. Les profondeurs épousent, naturellement, la courbe du Tableau.

Fig. 141 - Le Tableau (T) est divisé verticalement par les alignements et horizontalement (A, B, C, D) en un certain nombre de parties égales. On obtient ainsi un Tableau carroyé ou "grille".

Les profondeurs a et b, etc ... sont obtenues par la projection des droites venant de SP et passant par les zones horizontales du Tableau A, B, C, D, - Ces profondeurs donnent sur le plan des zones de plus en plus larges.

On pourrait sur le plan établir des profondeurs équidistantes, ce qui aurait pour effet de donner sur le Tableau des hozizontales de plus en plus rapprochées vers l'horizon, mais une telle grille ne faciliterait pas le tracé des lointains.

LE TABLEAU CYLINDRIQUE

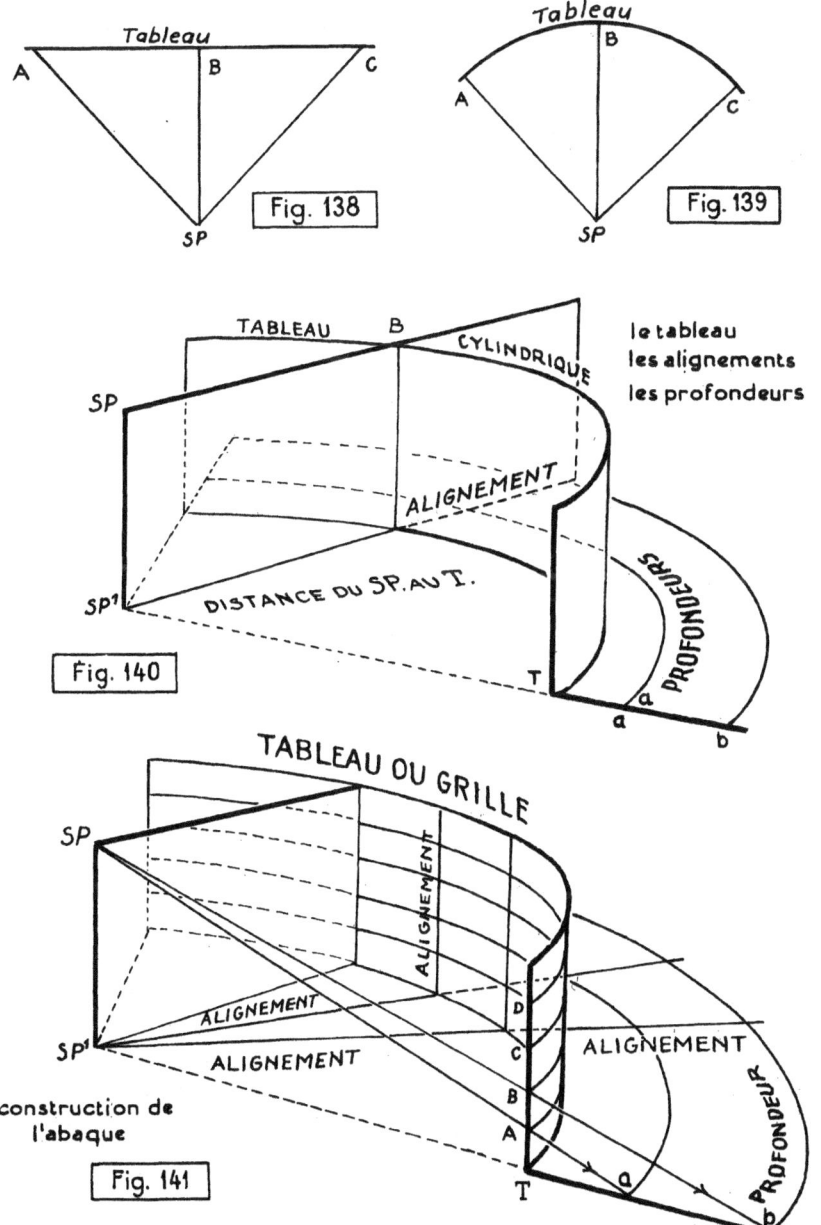

Fig. 138

Fig. 139

Fig. 140 — le tableau, les alignements, les profondeurs

Fig. 141 — construction de l'abaque

LE TABLEAU CYLINDRIQUE

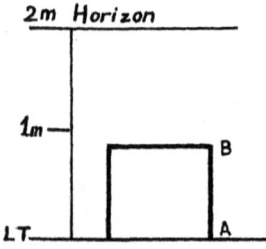

Fig. 142 - Le géométral de l'objet (ou des objets) est donné. Le Spectateur est à 3 mètres de l'arête verticale la plus rapprochée de l'objet (A) et le premier plan du dessin (Tableau) est à 2,50 m du Spectateur.

L'angle optique aura une ouverture permettant d'englober l'ensemble des objets à représenter et un premier arc de cercle de 2,50 m de rayon sera tracé à l'échelle du

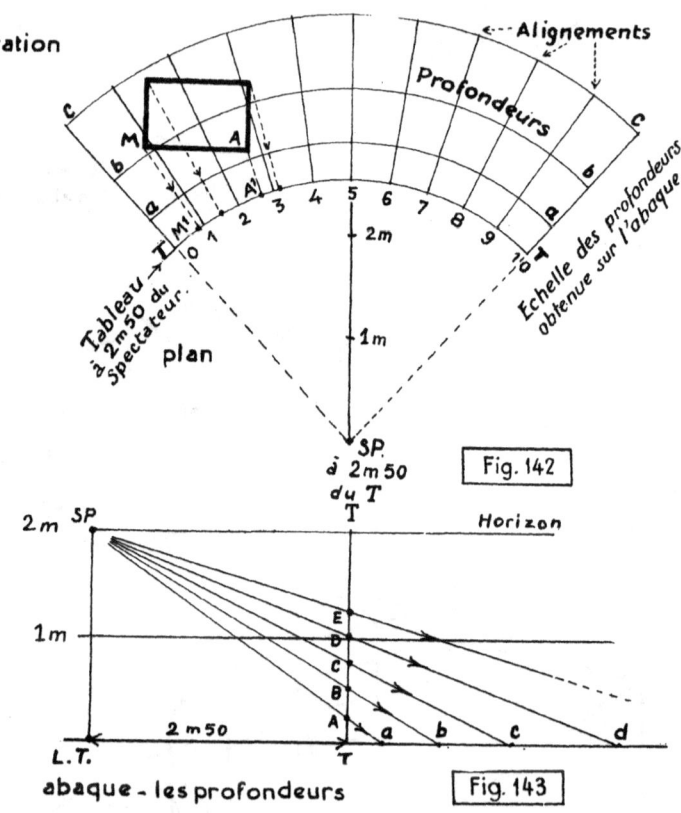

plan. Ce sera le Tableau (ou grille) vu du dessus. Ce Tableau circulaire sera divisé en parties égales (0, 1, 2, 3, etc...) se sont les alignements.

Les profondeurs a, b, c, d, sont obtenues par un abaque expliqué ci-après.

Fig. 143 - La hauteur du Spectateur et le Tableau sont représentés de profil à l'échelle du géométral (plan, élévation). Le Spectateur est à 2 mètres de haut, le Tableau à 2,50 m du Spectateur. Le profil du Tableau est divisé ARBITRAIREMENT en parties égales, A, B, C, D, E, etc... ces points sont projetés sur la ligne de terre (L T) et donneront les profondeurs a, b, c, d, etc..., elles sont de plus en plus espacées. Ces profondeurs seront reportées sur le plan a, b, c, d, (fig. 142).

Le quadrillage courbe du plan peut être comparé à l'ombre portée sur le sol que donnerait une grille si le Spectateur était remplacé par une lampe.

LE TABLEAU CYLINDRIQUE

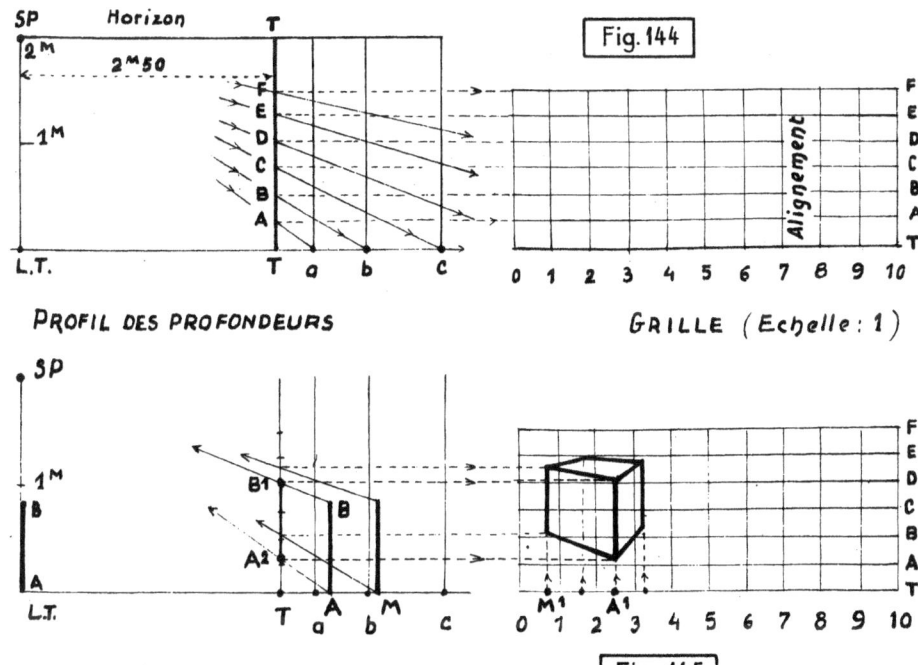

Fig. 144 - La longueur de la grille est le développement du Tableau cylindrique du plan de la figure 142. Ces divisions horizontales sont données par les divisions arbitraires portées sur le Tableau dans le profil des profondeurs (A, B, C, D, etc ...)
C'est sur le profil des profondeurs que se déterminent les hauteurs.

Fig. 145 - Porter sur la grille l'alignement de l'angle A, projeté sur le plan du Tableau en A1. Sa profondeur T, A, (ou A1 A) est portée sur le profil des profondeurs en T, A. De A la hauteur de l'arête A B est envoyée à SP, ce qui donne sur le Tableau T l'image de la hauteur de l'arête en A2, B1 - Reporter cette hauteur A2, B1, sur la grille et sur l'alignement A1.
Même tracé pour les quatre arêtes.
Tous les agrandissements sont possibles ; il suffit dans le report d'agrandir dans la même proportion l'espace des alignements et l'intervalle des hauteurs.
On remarquera qu'une surface trapézoïdale du plan se traduit sur la grille par un rectangle. On y ajoutera, au besoin, des diagonales ou des subdivisions.

N. B. - Si cette méthode élimine les déformations en largeur, elles subsistent encore dans les hauteurs comme avec le Tableau-plan puisque les rayons visuels ne sont pas sur le profil des profondeurs équidistants du Tableau.

TABLEAU SPHÉRIQUE

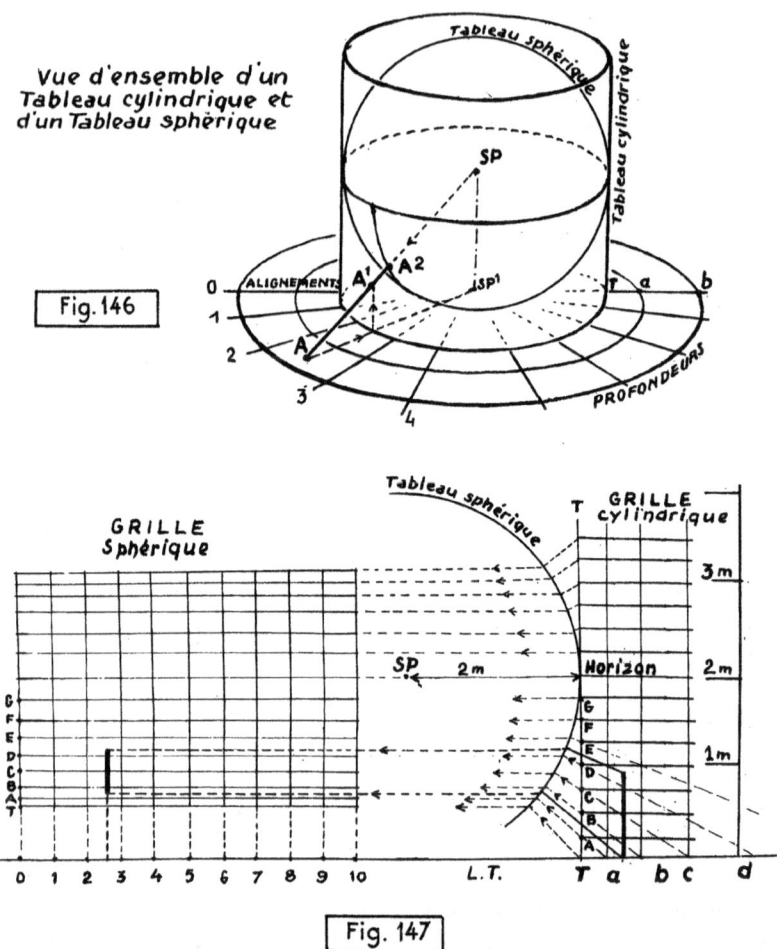

Fig. 146

Fig. 147

Tableau sphérique - La perspective dite sphérique est la seule à éliminer les déformations en largeur et en hauteur, occasionnées par l'emploi du Tableau-plan ou du Tableau cylindrique, mais son tracé long et minutieux est d'un usage peu courant. Son principe consiste à ramener sur une surface sphérique la grille d'un Tableau cylindrique.

Fig. 146 - Vue d'ensemble d'un Tableau sphérique entouré d'un Tableau cylindrique. Le point A vu par le Spectateur SP a son image en A1 sur le Tableau cylindrique et en A2 sur le Tableau sphérique.

Fig. 147 - Le tracé préliminaire est le même que pour la perspective cylindrique. On reprendra l'élévation et le plan de la figure 142 mais on supposera le Spectateur à 2 mètres du Tableau. Le tracé de l'abaque des profondeurs et des hauteurs est celui de la figure 143. On projètera toutes les hauteurs A, B, C, D, etc... sur le profil du Tableau sphérique par des droites convergeant vers SP ce qui donnera la grille sphérique avec les hauteurs progressivement raccourcies ; On procèdera, par la suite, comme pour le Tableau cylindrique.

PROJECTION D'UN DÉCOR A L'INTÉRIEUR D'UNE COUPOLE

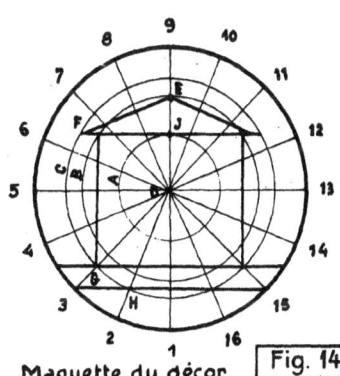

Maquette du décor

Fig. 148 - Le décor à reproduire est dessiné à une échelle donnée sur une surface circulaire qui sera divisée en parties égales 1, 2, 3... 15, 16, pour permettre le développement, c'est-à-dire la mise à plat, de l'hémisphère dont le profil est également dessiné à la même échelle. On situera le point de vue SP sur l'axe de la coupole et à une hauteur normale du sol, il sera le point idéal pour voir le décor sans déformation. Dessiner sur la maquette des cercles parallèles équidistants ou plus simplement, comme sur cette figure quelques cercles passant par des

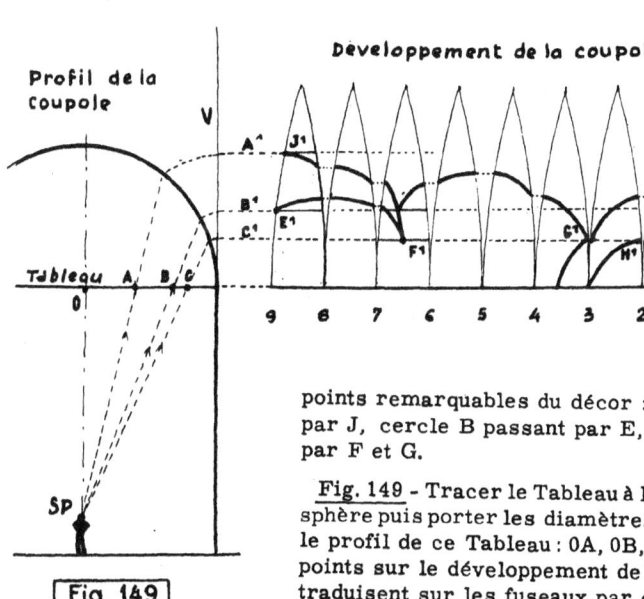

points remarquables du décor : cercle A passant par J, cercle B passant par E, cercle C passant par F et G.

Fig. 149 - Tracer le Tableau à la base de l'hémisphère puis porter les diamètres des cercles sur le profil de ce Tableau : 0A, 0B, 0C. Projeter ces points sur le développement de la coupole, ils se traduisent sur les fuseaux par des horizontales. Reporter les différents points du décor en respectant les coordonnées : le point E est situé sur le méridien 9 et sur le cercle B ce qui donne E 1. Le point F se situe entre les méridiens 6 et 7 et sur le cercle C ce qui donne F1 sur le développement, etc...

On comprendra tout l'intérêt qu'on aura à resserrer les méridiens et les cercles parallèles pour obtenir une grande précision dans le tracé. On peut aussi opérer point par point en prenant, par exemple, sur la maquette la distance 0J en la portant sur le Tableau en 0A et en portant l'horizontale A1 jusqu'au méridien 9. C'est exactement le tracé précédent, mais sans graticulage préalable. On remarque, sur le developpement, que les lignes droites du décor se traduisent par des courbes mais reportées sur la coupole elles apparaîtront droites pour le Spectateur contemplant le décor du point SP.

TRACÉ DES OMBRES

On distingue deux sortes de sources lumineuses :

1° - La lumière artificielle (lampe). Les rayons lumineux émanant de ce point, situé à distance réduite, sont divergents et constituent les génératrices d'un cône ayant la lampe pour sommet.

2° - La lumière solaire. Cette source lumineuse est tellement éloignée qu'on la considère à l'infini. Les rayons sont alors parallèles et deviennent, non plus des droites convergentes, mais, des droites parallèles comme les génératrices d'un cylindre.

Il y a deux sortes d'ombres : l'ombre propre de l'objet séparée de la partie éclairée par une ligne appelée "séparatrice" et l'ombre portée qui est l'ombre projetée par un corps sur une surface quelconque. La ligne délimitant cette ombre se nomme "projective".

La source lumineuse peut occuper trois positions différentes nécessitant chacune un tracé particulier. Elle peut être :
Dans le plan du Tableau (à gauche ou à droite)
Devant le Spectateur (à gauche ou à droite)
Derrière le Spectateur (à gauche ou à droite).

On appelle "trace" la projection du rayon lumineux sur le sol. L'ombre d'un point est toujours obtenu par l'intersection d'un rayon lumineux et de sa trace.

Si, en géométrie descriptive on admet que le soleil placé derrière le Spectateur et à gauche projette ses rayons suivant un angle d'inclinaison de 45° et dont la trace fait également 45°, on ne tient nullement compte en perspective de cette condition particulière.

LUMIÈRE ARTIFICIELLE

Fig. 150 - L'ombre portée de la table est donnée par la rencontre du rayon lumineux L, B, avec la trace L1, B1 - B2 est le point d'ombre de B.

On remarquera que l'ombre du côté A0 projetée en A1 est parallèle à ce côté jusqu'au mur sur lequel elle remonte jusqu'à l'angle 0 qui est en contact avec le mur.

Pour la planchette supérieure, on peut utiliser la projection horizontale de L sur le mur en L2 d'où partiront les traces, mais, on peut aussi faire passer les traces par le plan abaissé sur le sol, comme l'indique le tracé de la planchette à gauche de la porte : trace L1, E1 remontée jusqu'au rayon lumineux en E2.

L'ombre portée du cône S2 s'obtient par la rencontre de la trace L1, S1 avec le rayon lumineux LS. Le point de tangence de la projective A donnera la séparatrice de l'ombre propre AS.

Pour le cylindre, une trace tangente à la base, L1C donnera la séparatrice C, C1. De C1, un rayon lumineux donnera C2. On multipliera les génératrices pour obtenir plusieurs points déterminant la courbe de l'ombre (F1).

Fig. 151 - La lampe étant située plus bas que le sommet du cône, l'ombre portée sera infinie. Les deux projectives sont déterminées par l'ombre d'un cercle situé au-dessous du niveau de la lampe, soit le cercle A qui donne son ombre en A2. Une tangente, passant par cette ellipse et l'ellipse de base du cône A2 et B donnera la direction de la projective. Même tracé pour le côté opposé.

Fig. 152 - Autre procédé - Un rayon allant de S vers L. donne sur la trace S1 L1 le point L2, d'où partiront les traces L2, B qui deviennent les projectives. Si l'ombre rencontrait un mur, on remonterait la trace L2, S1 jusqu'au rayon lumineux LS, soit S2 qu'on joindrait aux projectives.

LUMIÈRE ARTIFICIELLE

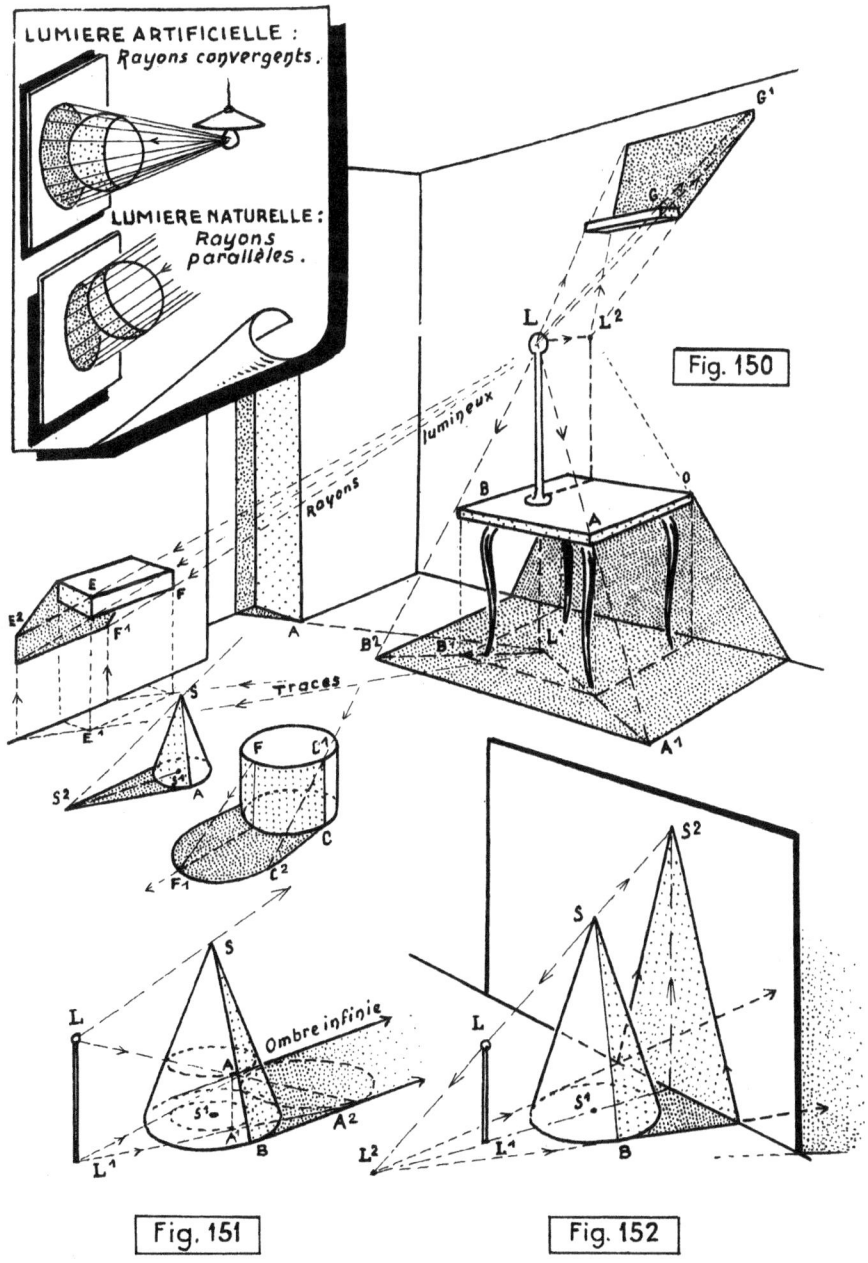

Fig. 150

Fig. 151

Fig. 152

LUMIÈRE ARTIFICIELLE

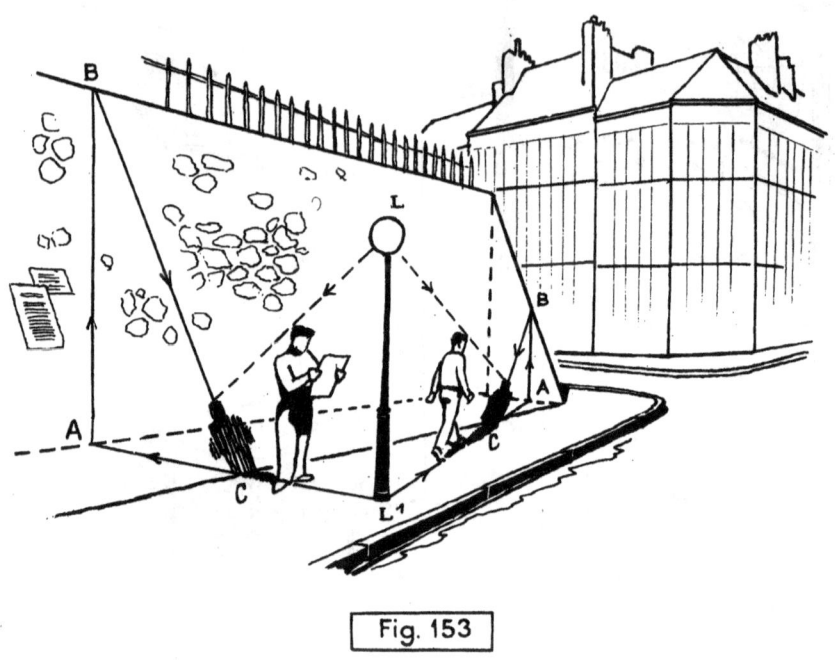

Fig. 153

Fig. 153 - Ombre portée d'un personnage sur la pente d'un talus. Tracer le plan fictif vertical A B. Dessiner la trace L1, C, la prolonger en A et la remonter en B. Revenir à la base du talus C. L'intersection de la trace oblique B, C, avec le rayon lumineux émanant de L donne la limite de l'ombre.

Les triangles verticaux A, B, C, coupent le talus en biais et correspondent à des plans lumineux dont les bases convergent vers L1.

LUMIÈRE ARTIFICIELLE

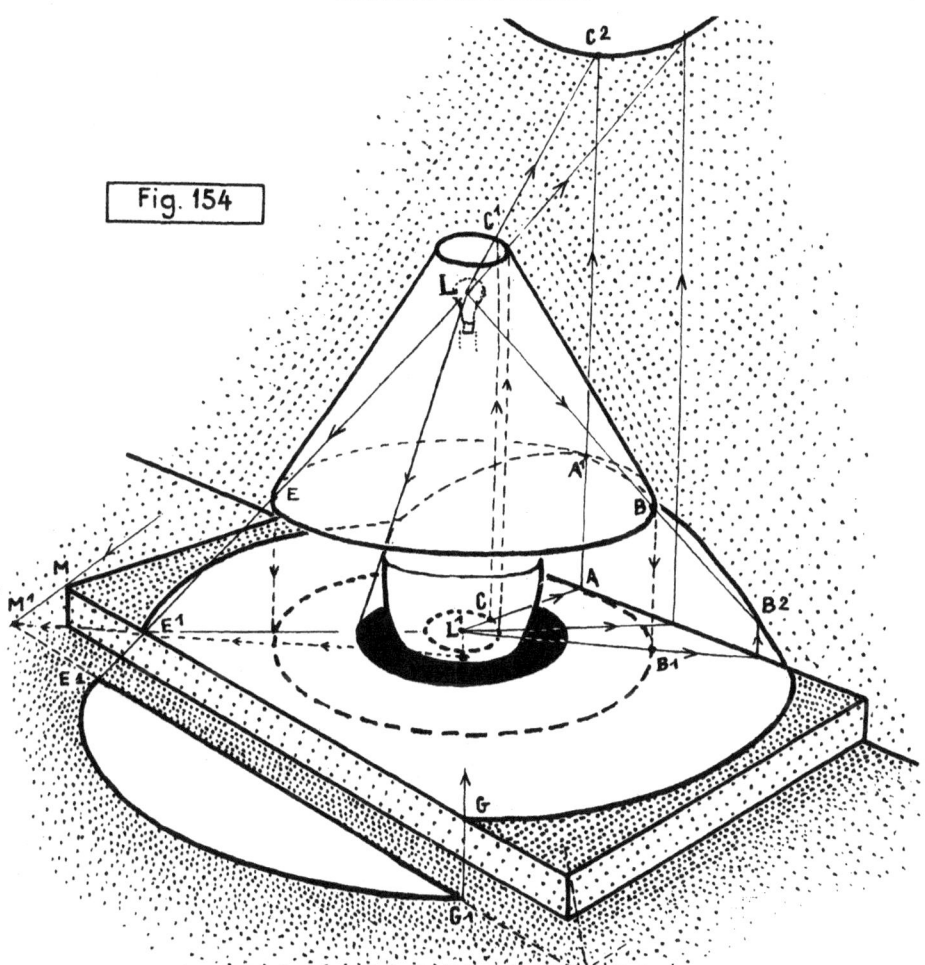

Fig. 154 - Le cône lumineux formé par l'abat-jour d'une lampe a pour sommet la lampe elle-même (et non le sommet de l'abat-jour).

Si, comme dans cet exemple, l'abat-jour est à proximité d'un mur (ici, il touche le mur comme on le constatera par la position du point A) le cercle lumineux se projètera partiellement sur ce mur, suivant une courbe qui sera une hyperbole (on sait que l'hyperbole est donnée par une section coupant le cône parallèlement à son axe).

Prendre sur l'abat-jour un point quelconque B, le projeter en B1, prolonger la trace L1, B1 jusqu'au mur et remonter jusqu'au rayon lumineux L B, soit B2.

Un point E donnera son ombre en E1. La courbe sera elliptique sur le plan horizontal et hyperbolique sur le plan vertical. Elle passera obligatoirement par le point de contact (A1) du bord de l'abat-jour avec le mur.

Même tracé pour le cône lumineux supérieur (C C1 et L1 CA - et L C1,C2)

Pour l'ombre portée sur le plan horizontal inférieur, on opèrera de la même façon, mais, en descendant le point L1 et le plan de l'abat-jour au niveau du plan inférieur.

LUMIÈRE ARTIFICIELLE

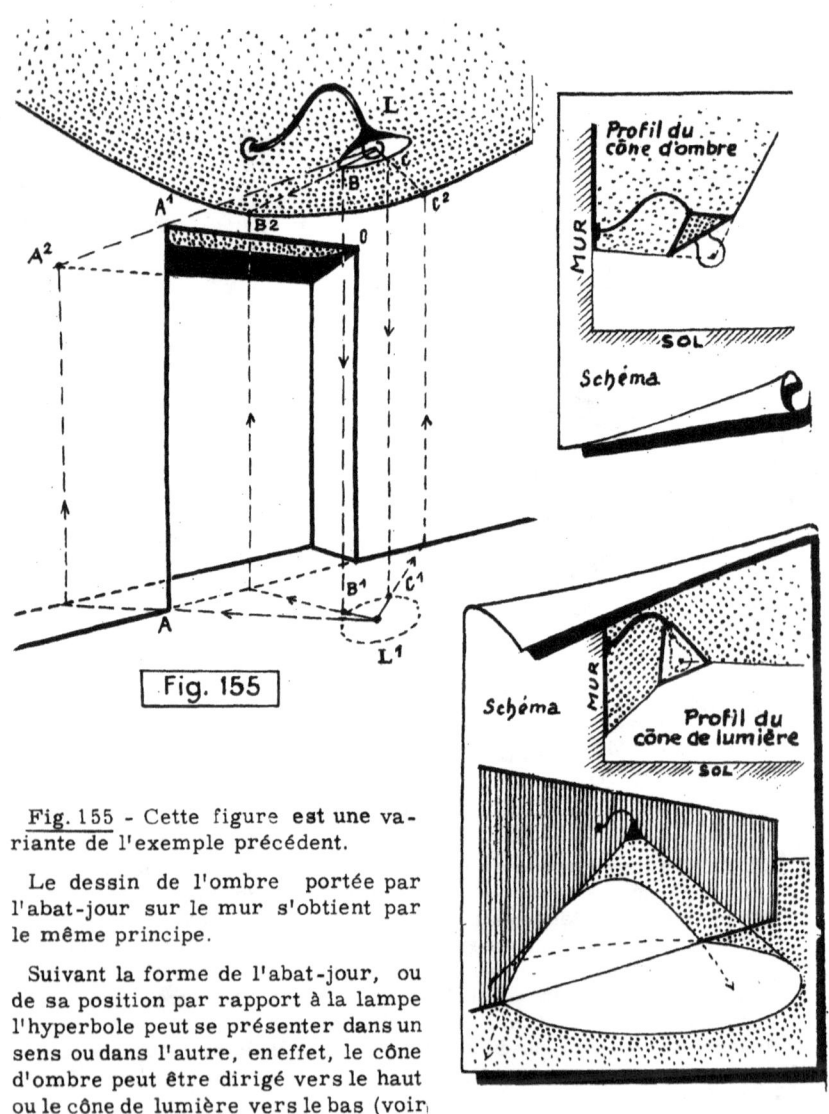

Fig. 155

Fig. 155 - Cette figure est une variante de l'exemple précédent.

Le dessin de l'ombre portée par l'abat-jour sur le mur s'obtient par le même principe.

Suivant la forme de l'abat-jour, ou de sa position par rapport à la lampe l'hyperbole peut se présenter dans un sens ou dans l'autre, en effet, le cône d'ombre peut être dirigé vers le haut ou le cône de lumière vers le bas (voir les deux schémas).

N. B. - Si l'abat-jour est incliné, sa projection au sol sera géométralement une ellipse, non un cercle.

LUMIÈRE ARTIFICIELLE

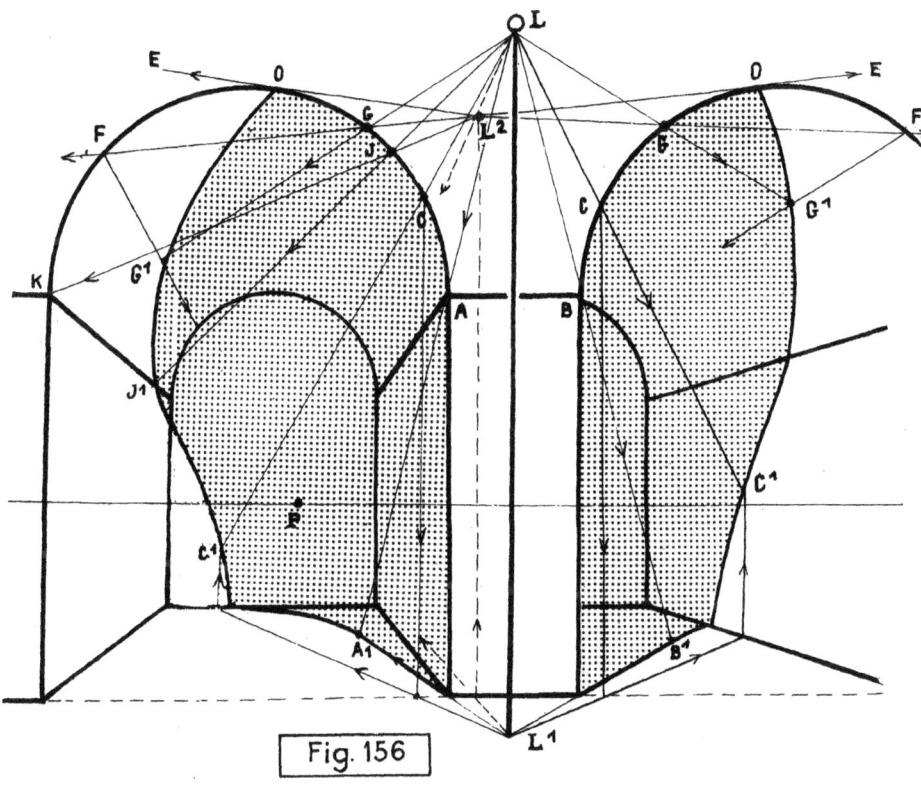

Fig. 156 - Ombres intérieures d'une voute présentée de front.

Déterminer la projection de la lampe sur le sol (L1) et sur le mur (L2) au moyen d'un plan fuyant perpendiculaire à l'arcade.

Rechercher l'ombre du piédroit et du début de l'arcade au moyen de sections verticales, telles que A et C qui ont leur point d'ombre en A1 et C1.

Pour la partie voutée, l'origine de l'ombre (0) sera donnée par un rayon tangent à la voute émanant de L2.

D'autres sections quelconques sécantes à l'arcade et émanant de L2 détermineront la projective à l'intérieur de la voute, exemple la sécante L2, G, F.

De F mener une génératrice vers P - Par G un rayon lumineux LG prolongé donnera sur la génératrice l'ombre de G en G1.

Le rapprochement des sections est nécessaire pour obtenir plus de précision dans le tracé de la courbe d'ombre.

LUMIÈRE SOLAIRE

Le principe même du tracé des ombres est identique pour tous les éclairages. L'ombre portée est obtenue par l'intersection des rayons lumineux et de leurs traces.

Avec l'éclairage solaire, les rayons lumineux et leurs traces étant par l'éloignement de la source lumineuse considérés comme parallèles, ont, de ce fait, quand ils sont dans un plan fuyant un point de convergence. Celui-ci est sur l'horizon pour les traces et au-dessus ou au-dessous de l'horizon pour les rayons solaires.

Quand le soleil est dans le plan du Tableau, les rayons lumineux et leurs traces sont de front et se traduisent par des parallèles obliques pour les rayons et par des parallèles horizontales pour les traces.

L'angle d'inclinaison se calcule par rapport au plan horizontal. L'angle de trace par rapport au Tableau ou au plan principal de vision.

LUMIÈRE SOLAIRE LATÉRALE

Fig. 157 - Ressaut d'ombre - Les points d'ombre sont toujours obtenus par l'intersection du rayon lumineux avec sa trace. L'angle A a son ombre en A1, B en B1, C en C1, etc... Remonter par un rayon lumineux l'intersection des deux ombres (D en D1) pour connaître le point de sortie de l'ombre du bâton sur le plan incliné.

Fig. 158 - Ombres d'un cylindre, d'un cône droit et d'un cône renversé. La séparatrice est obtenue sur le cylindre par le point de tangence de la trace avec l'ellipse. Sur le cône droit, elle est au point de raccordement de la projective avec l'ellipse (A) - L'ombre du sommet S aura été préalablement définie.

Sur le cône renversé, après avoir déterminé l'ombre portée du cercle au sol remonter le point de raccordement A en A1.

Le schéma montre ce que donne l'ombre de ces trois volumes, lorsqu'ils sont juxtaposés. Ces trois ombres ne se raccordent pas, c'est un cas particulier.

Fig. 159 - Ombre d'une oblique inclinée - Pour un bâton incliné situé dans un plan fuyant déterminer sa projection au sol (A1) et situer l'ombre du sommet A en A2, joindre à la base du bâton 0.

Fig. 160 - Prolonger l'ombre du bâton 0 A 2 jusqu'à la sortie de l'ombre du cube (B) remonter ce point en B1.

Fig. 161 - Ombre portée d'un disque sur un cylindre - La rencontre de l'ombre du cylindre avec celle du disque (A) est remontée sur la séparatrice et donne le point A1. Tracer plusieurs sections frontales telle que B B1 afin d'obtenir en B2, sur la génératrice, l'ombre de B. Multiplier les sections.

Fig. 162 - Rechercher l'ombre du carré circonscrit ce qui facilitera le tracé de l'ombre du cercle. En remontant par un rayon lumineux le point de raccordement A en A1 sur le cercle on obtient la séparatrice de l'ombre propre. La rencontre des deux ombres en C est remontée sur la séparatrice en C1. Tracer d'autres génératrices telle que G portant ombre en G1. Sa rencontre en J avec l'ombre du bâton sera remontée sur la génératrice correspondante (J1) qui sera un des points de passage de l'ombre portée du bâton.

LUMIÈRE SOLAIRE LATÉRALE

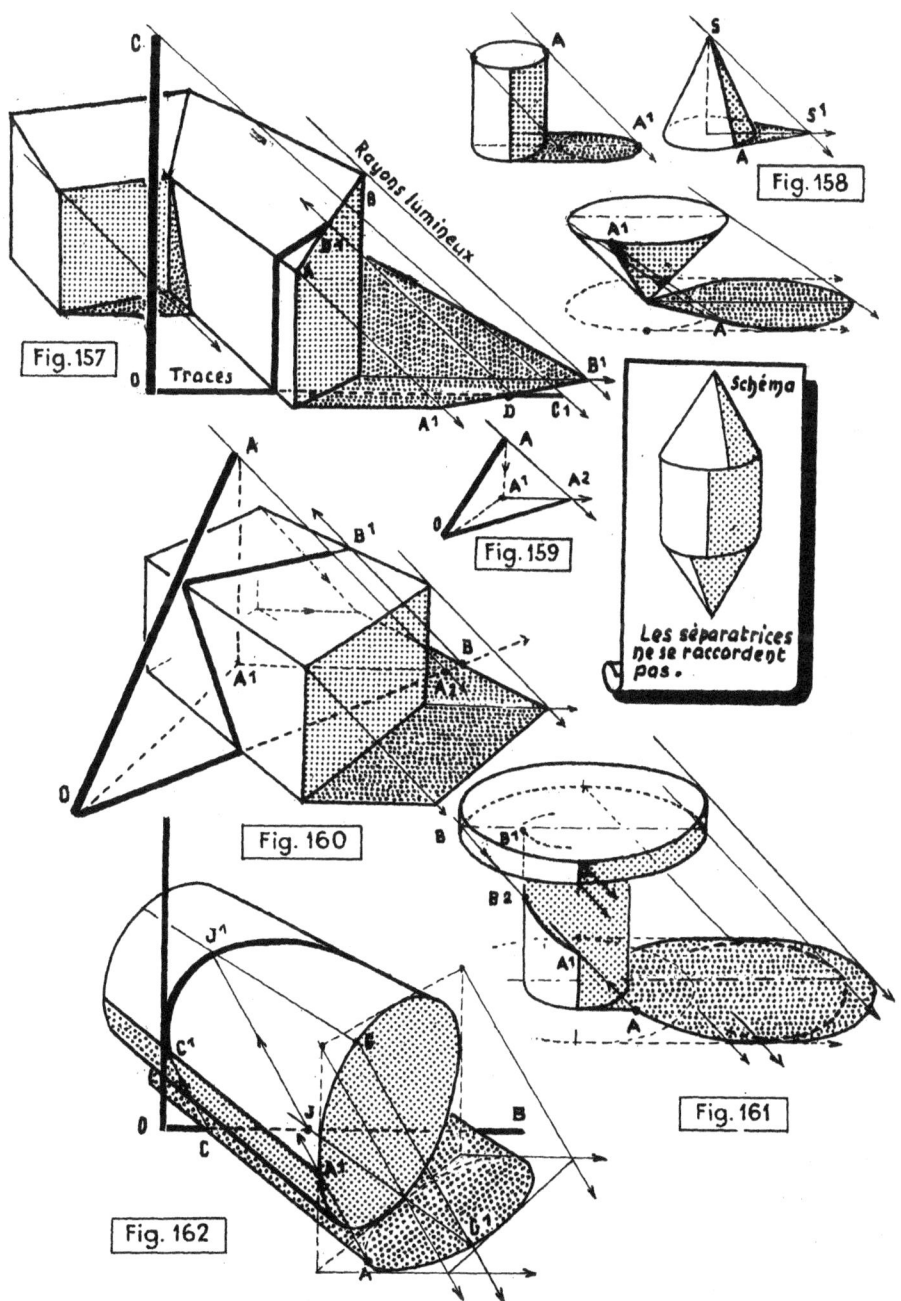

LUMIÈRE SOLAIRE LATÉRALE.
LES TRACÉS ET LES RAYONS LUMINEUX SONT DE FRONT

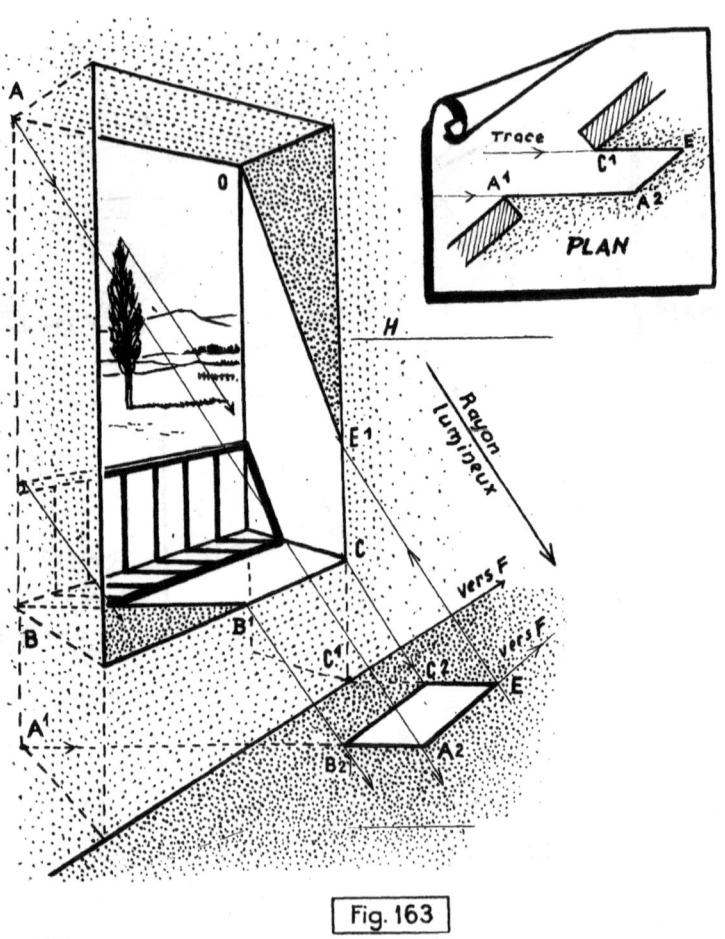

Fig. 163

- PARTIE ECLAIREE A L'INTERIEUR D'UNE PIECE -

Fig. 163 - La lumière venant de gauche entre par une fenêtre. Si l'on examine le plan on s'aperçoit que les deux traces qui vont délimiter l'ombre sur le sol ou sur le bord de la fenêtre sont tangentes aux angles A1 et C1, diamétralement opposés. Sur la perspective, on tracera donc deux traces horizontales passant par les angles A1 et C1, un rayon lumineux passant par A donnera en A2 l'ombre du linteau (celle-ci fuit vers F) visible seulement jusqu'à la trace C1 E. Un rayon lumineux, soit de C, soit de la trace B1 donnera la projective du rebord de la fenêtre (B2 C2).

A la rencontre des deux ombres, en E, un rayon lumineux remonté donnera le point E1, qu'on joindra à l'angle 0.

Remarque : L'ombre 0 E1 n'a rien de commun avec l'inclinaison d'un rayon lumineux.

LUMIÈRE SOLAIRE LATÉRALE

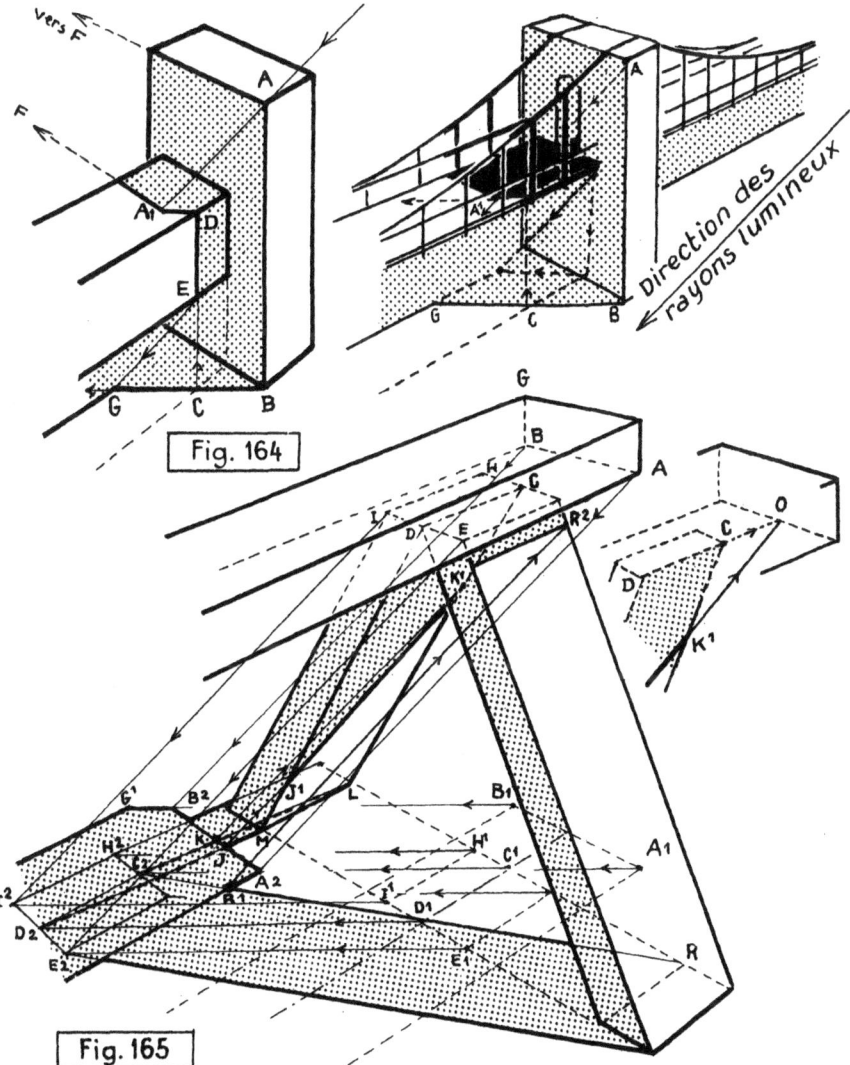

Fig. 164 - L'ombre du plan vertical AB est donnée sur le sol par la trace horizontale B G - Celle-ci remonte verticalement au plan C pour apparaître de E à D d'où elle repart horizontalement jusqu'à la rencontre du rayon lumineux A A1.

De A1 l'ombre devient une parallèle perspective à la direction A F -

Fig. 165 - Recherche de l'ombre portée des pieds obliques au moyen du tracé indiqué à la figure 159. Le point C (et sa projection C1) porte ombre en C2, joindre à R pour avoir la perspective.

Le décrochement d'ombre sur le pied oblique figurant au second plan est donné en remontant par un rayon lumineux la rencontre des deux ombres portées (J) sur l'arête correspondante (en J1) - L'arête CL porte ombre en C2, remonter l'intersection des deux ombres K en K1, joindre J1 à K1.

- 121 -

LUMIÈRE SOLAIRE LATÉRALE

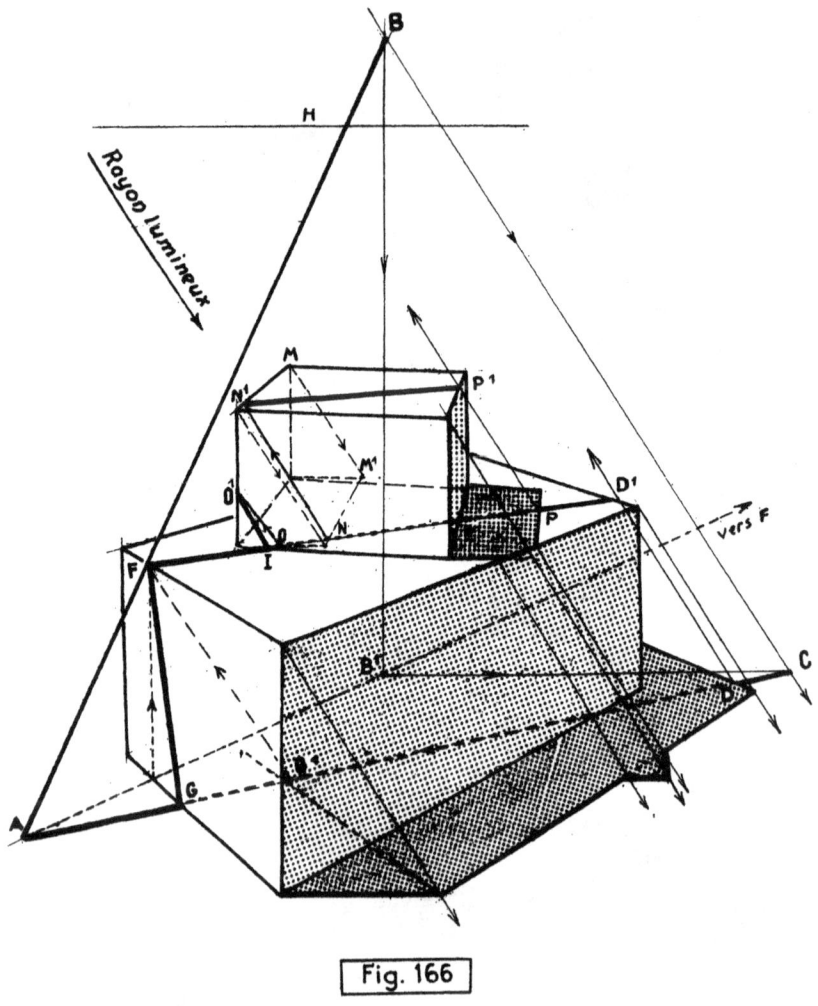

Fig. 166

Fig. 166 - Ombre portée d'une oblique AB sur deux parallélépipèdes.

1° - Recherche de l'ombre de l'oblique sur le sol soit AC.
2° - Recherche de l'ombre portée des cubes.

A chaque rencontre de l'ombre portée de l'oblique avec l'ombre d'une des arêtes du cube on remontera, par un rayon lumineux, le point d'intersection sur l'arête intéressée.

Sur le sol, l'ombre de l'oblique rencontre l'ombre portée de l'arête du cube en G1 et en D. De G1 un rayon lumineux donnera F, de D, il donnera D1. On obtient donc sur la caisse l'ombre portée de l'oblique. Celle-ci rencontre l'ombre portée de l'arête verticale du petit cube en 0. Ce point remonté par un rayon lumineux sur l'arête en cause donnera 01 (joindre à la base du cube en I) l'intersection N, donnera N1, etc ....

LUMIÈRE SOLAIRE LATÉRALE

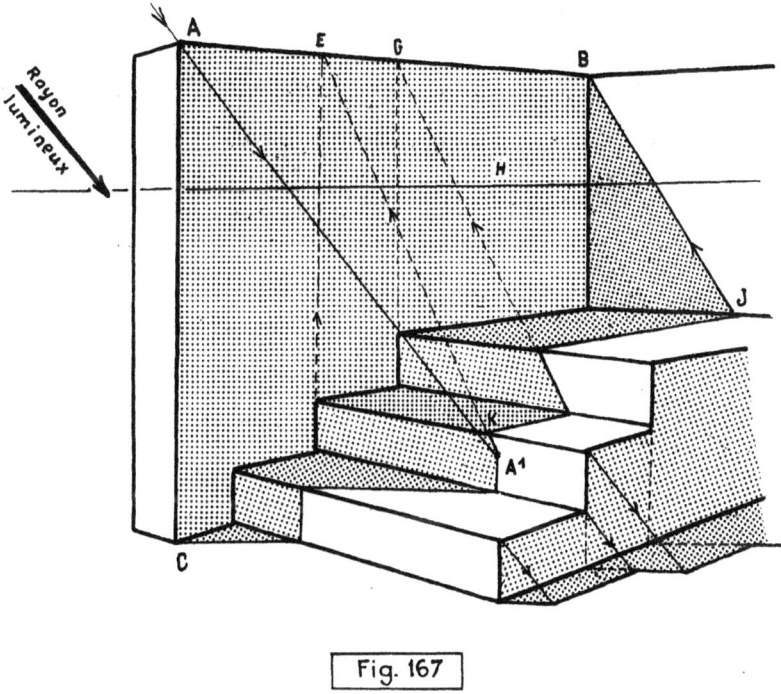

Fig. 167

Fig. 167 - Ombre portée d'un mur sur les marches d'un escalier - La trace de l'ombre du mur partant de C remonte sur la contre-marche verticalement, repart horizontalement sur le giron et remonte à nouveau verticalement sur la deuxième contre-marche où elle rencontre le rayon lumineux passant par A.

Si la contre-marche était un plan vertical remontant jusqu'au mur la direction de la projective serait A1 E (on retrouve le même tracé sur le mur du fond en J B). Sur l'arête K l'ombre fuit parallèlement au mur A B pour remonter, à sa rencontre avec la troisième contre-marche, en G. Cette projective, ainsi que la projective B J, ne sont pas parallèles au rayon lumineux.

Quelle que soit la position du soleil le principe du tracé reste le même.

LUMIÈRE SOLAIRE LATÉRALE.
OMBRES D'UN CÔNE TRONQUÉ

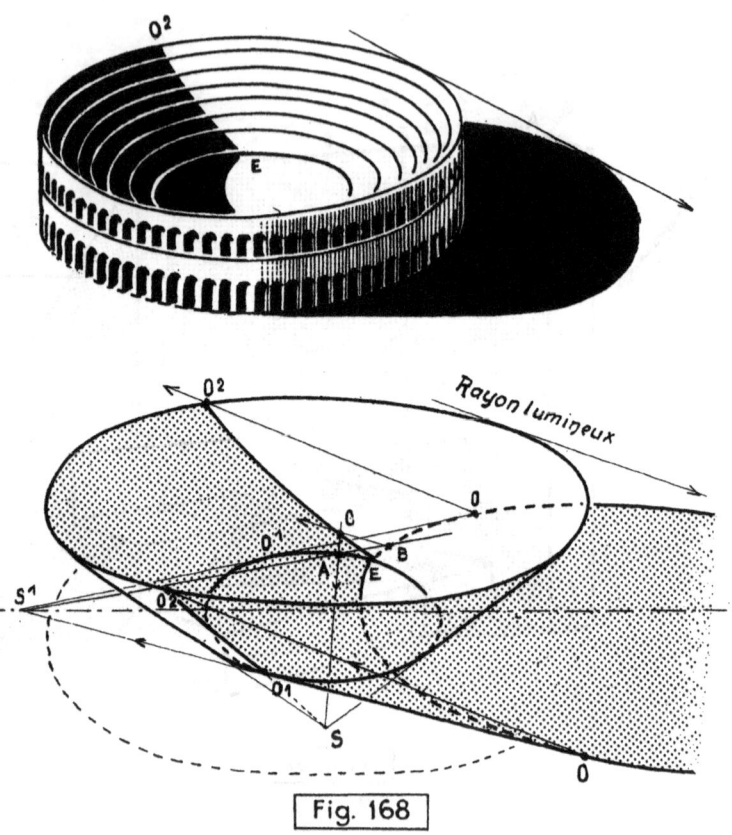

Fig. 168

Fig. 168 - Ombre portée sur le sol d'un cône tronqué - Rechercher l'ombre portée du grand cercle et la joindre par deux tangentes à la petite base du cône 0 et 01.

Ombre extérieure : un rayon lumineux remonté du point de tangence de la projective 0 sur le grand cercle 02 déterminera la limite extérieure de l'ombre, sa direction sera celle d'une génératrice 02, 01, S. Les points 02 marqueront aussi le départ de l'ombre intérieure.

Ombre intérieure : prolonger les deux projectives partant des deux points 0 pour obtenir le point de convergence S1, d'où l'on tracera une droite de manière à ce qu'elle coupe le petit cercle et le grand cercle en A et B. Par A, tracer une génératrice A S, de l'intersection B remonter un rayon lumineux jusqu'à l'intersection C qui sera un point de l'ombre intérieure. Celle-ci partant de 02 rejoindra l'ombre au sol en E, en passant par C.

On peut tracer deux ou trois sections coupant le triangle formé par les points 01, E et 0 ce qui donnera des points de passage supplémentaires de l'ombre sur la paroi intérieure du cône entre 02 et E.

LUMIÈRE SOLAIRE LATÉRALE

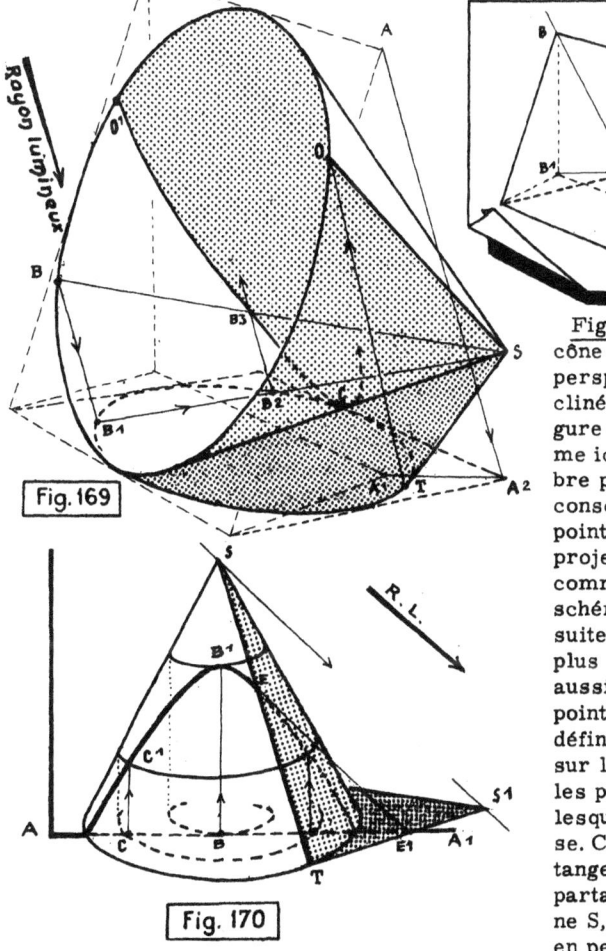

Fig. 169 - Ombres d'un cône creux renversé, (la perspective du cercle incliné est expliquée à la figure 55). On peut, comme ici, rechercher l'ombre portée du carré circonscrit au moyen des points A et B et de leur projection au sol (A1,B1) comme indiqué sur le schéma et y inscrire ensuite l'ellipse, c'est le plus rationnel. On peut aussi prendre plusieurs points sur le cercle, en définir leur projection sur le sol et déterminer les points d'ombres par lesquels passera l'ellipse. Ceci fait, tracer deux tangentes à cette ellipse partant du sommet du cône S, mis préalablement en perspective.

Le point de tangence T sera remonté par un rayon lumineux en 0, la droite 0S donnera la séparatrice. L'autre point 01 obtenu de la même façon donnera le départ de l'ombre intérieure dont la courbe s'obtiendra en prenant, par exemple, une génératrice BS dont l'ombre serait B1 S.

A la rencontre en B2 de cette droite avec la projection du cercle on remontera un rayon lumineux sur la génératrice, soit B3, qui est un des points de la projective intérieure.

Cette projective passera par la génératrice sur laquelle repose le cône sur le sol et remontera intérieurement au second point 0.

Fig. 170 - Ombre portée d'une verticale sur un cône. Faire plusieurs sections horizontales sur le cône et en déterminer leur projection sur le sol, soit C et B. L'intersection de l'ombre du bâton avec le premier cercle sera remontée verticalement et donnera sur la section horizontale un point de passage de l'ombre en C1. Le point B étant tangent au cercle, on obtient en B1 le point culminant de l'ombre. L'ombre du bâton rencontrant la séparatrice en E se continuera au sol en E1. La courbe de l'ombre est une hyperbole.

LUMIÈRE SOLAIRE LATÉRALE.
OMBRE PROPRE ET OMBRE PORTÉE D'UN TORE

Fig. 171 - Un tracé différent de celui de la figure 46 est utilisé pour la perspective du tore. Celle-ci est obtenue, ici, par les surfaces de révolution. Elles seront utilisées pour déterminer l'ombre propre et l'ombre portée du tore (schéma).

Chercher l'ombre portée par chaque demi-cercle et tracer une courbe tangente à chacune des demi-ellipses obtenues sur le sol (J, I, G, etc..) elle sera la projective de l'ombre du tore.

Pour l'ombre propre, un rayon lumineux passant par les points de tangence J, I, G, etc... donnera sur les demi-cercles correspondants en J1, I1, G1 les points de passage de la séparatrice.

Sur le profil gauche du tore, un rayon lumineux tangent au demi-cercle frontal donnera un des points de la séparatrice et, prolongé au sol, donnera un des points de la projective (A1). Il en sera de même sur le profil de droite (E et E1).

Fig. 172 - Ombre portée du cylindre sur le tore - Diviser le profil en un certain nombre de parties de manière à établir des cercles concentriques (voir la sphère, méthode des cercles parallèles, fig. 78). Etablir le plan de ces cercles, exemple : le cercle A a sa projection en B. Une tangente au cercle B donnera en 0 le début de la trace 0 C. Cette trace coupe en E le plan du cercle B, remonter E en A1 sur le cercle correspondant. E1 est l'un des points de la projective.

Faire plusieurs cercles concentriques s'il y a lieu et remonter la trace de l'ombre 0 C à chaque rencontre de cercles. On remarquera sur la figure précédente qu'à la sortie de l'ombre du cylindre sur le sol, un rayon lumineux remonté par K donne sur la séparatrice le point K1 où se perd l'ombre portée du cylindre sur le tore.

LUMIÈRE SOLAIRE LATÉRALE.
OMBRE PROPRE ET OMBRE PORTÉE D'UN TORE

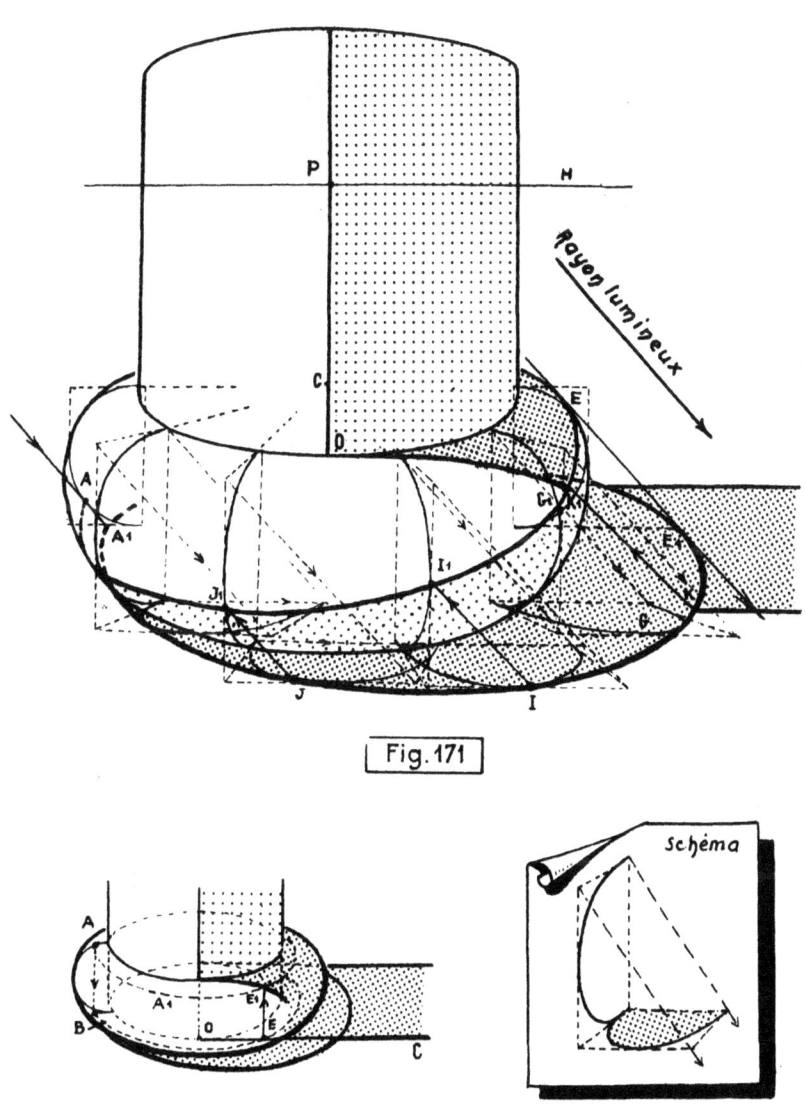

Fig. 171

Fig. 172

LUMIÈRE SOLAIRE LATÉRALE

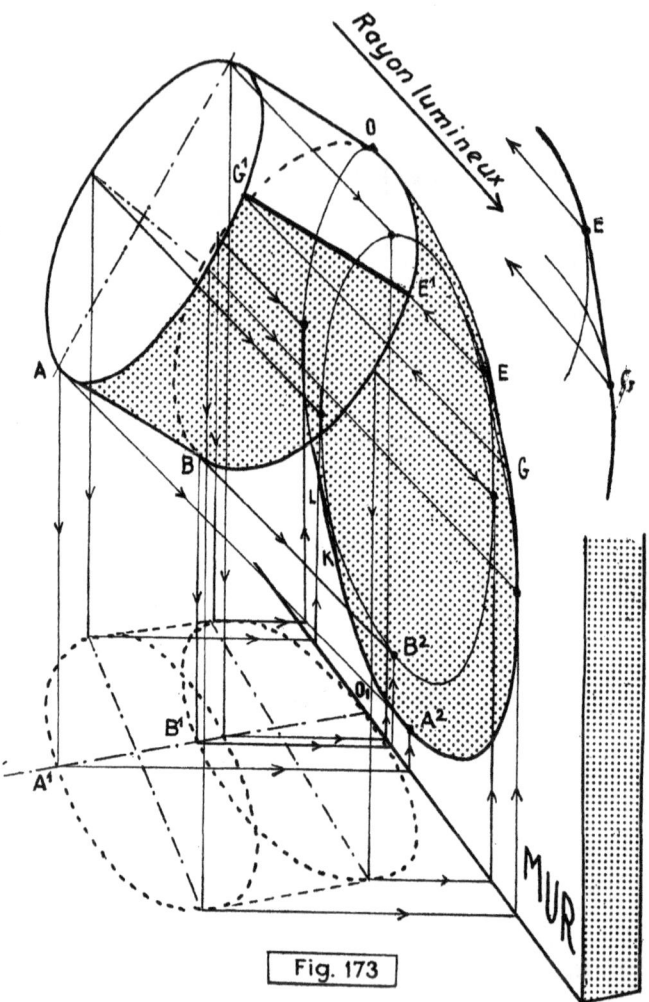

Fig. 173

Fig. 173 - La recherche de l'ombre des différents points des cercles inclinés tel que A, revient à trouver l'ombre de la verticale A A1, remontée sur le mur en A2.

Deux séries de points permettent de tracer l'ombre des deux circonférences superposées partiellement. On les réunira de chaque côté par deux tangentes EG et KL. On obtient ainsi l'ombre portée du cylindre sur le mur. Le cylindre touchant le mur en 0, l'ombre portée passera par ce point 0 (fig. 154).

L'ombre propre du cylindre est obtenue par les rayons lumineux remontés de l'ombre portée, des points de tangence G et E, aux circonférences correspondantes du cylindre soit G en G1 et E en E1. (détail agrandi).

LUMIÈRE SOLAIRE LATÉRALE

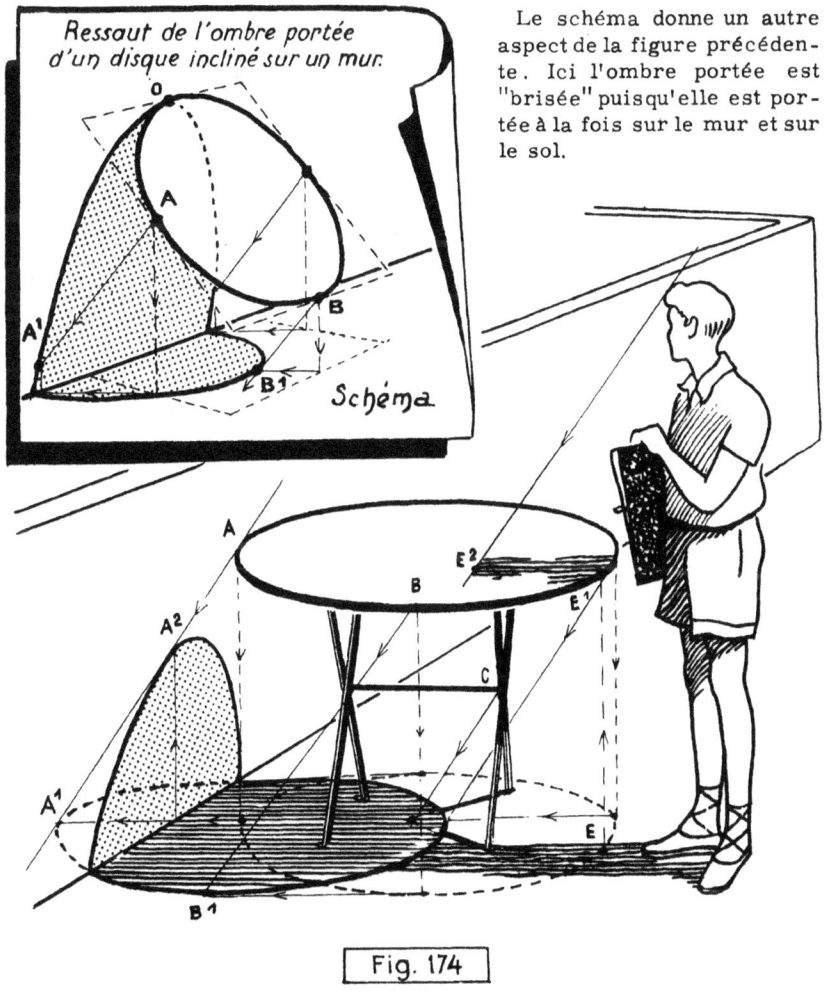

Le schéma donne un autre aspect de la figure précédente. Ici l'ombre portée est "brisée" puisqu'elle est portée à la fois sur le mur et sur le sol.

Ressaut de l'ombre portée d'un disque incliné sur un mur.

Schéma

Fig. 174

Fig. 174 - Après avoir fait la projection de la table sur le sol et porté quelques points tels que A et B, l'intersection des traces avec les rayons lumineux donnera sur le sol les points A1, B1, etc ...
À la rencontre du mur la trace de A1 est remontée en A2.
Rechercher l'ombre du point C pour pouvoir déterminer l'ombre convergente des pieds de la table.
L'ombre du personnage rencontre le cercle de base en E. Ce point remonté en E1 donnera l'ombre du personnage sur le plateau. Elle sera naturellement limitée par le rayon lumineux.

LUMIÈRE SOLAIRE LATÉRALE. LA SPHÈRE ET L'HÉMISPHÈRE. TRACÉS SIMPLIFIÉS

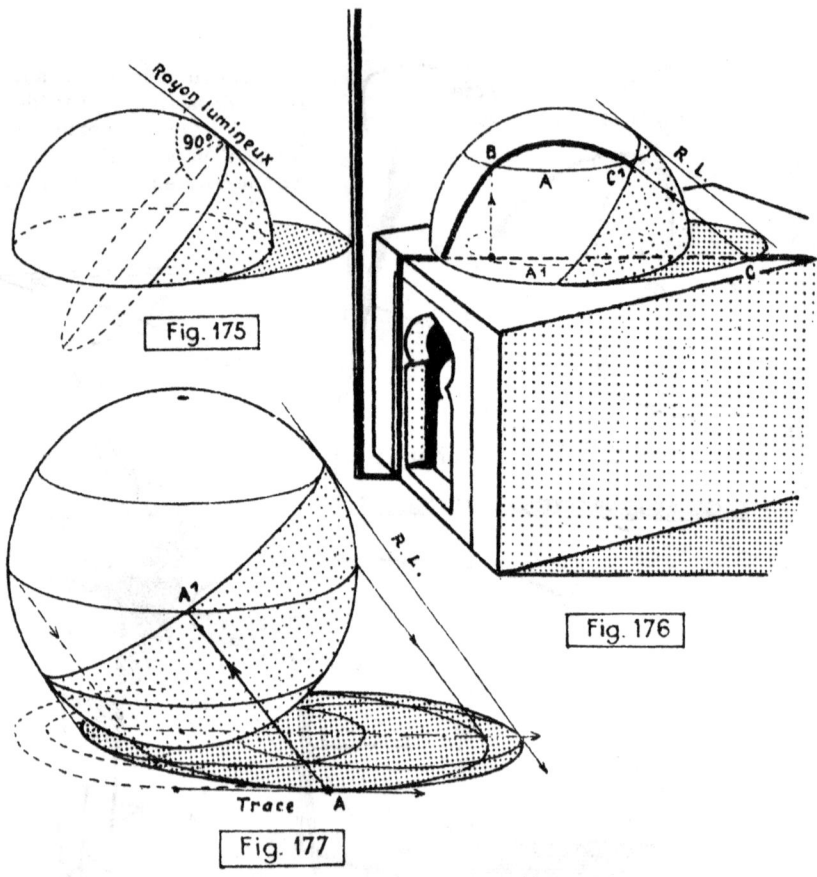

Fig. 175 - Une sphère éclairée par le soleil a une moitié de sa surface en lumière et l'autre dans l'ombre - La séparatrice est donc une circonférence qui se présente perpendiculairement aux rayons lumineux.

Fig. 176 - Ombre portée d'une verticale sur un hémisphère - La trace remonte verticalement en B quand elle rencontre la projection au sol (A1) du cercle A qui est un parallèle. Le point de sortie de l'ombre du bâton (C) pourra être remonté par un rayon lumineux sur la séparatrice en C1 - (fig. 170).

Fig. 177 - Ombre propre et ombre portée d'une sphère. Des sections circulaires horizontales dont deux passant par le point de tangence des rayons lumineux avec le contour de la sphère donneront leur ombre portée sur le sol (voir fig. 174). La courbe qui enveloppe ces ellipses donne la projective. Les points de tangence (A) sont remontés sur les cercles parallèles correspondants (A1) pour avoir les points de passage de la séparatrice.

LUMIÈRE SOLAIRE LATÉRALE

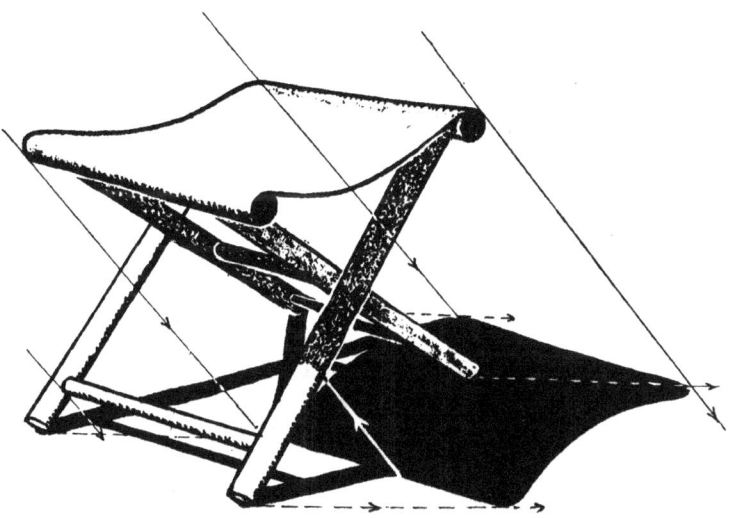

Schéma _ Ressauts d'ombres

Fig. 177 bis

LUMIÈRE SOLAIRE LATÉRALE. LES RAYONS DE FUITE

Fig. 178 - Ombre intérieure d'une voute. Tant que la projective reste sur le sol, ou sur la paroi VERTICALE de la voute on utilise le tracé habituel ce qui donne les points d'ombre A1, C1, D1. Quant au départ de l'ombre (en 0) il sera obtenu par un rayon lumineux tangent à l'arcade et, de ce fait, fuyant dans le plan de l'arcade. On l'appelle le "rayon de fuite". Les rayons de fuite sont indispensables pour le tracé de la projective sur la partie voutée.

Fig. 179 - Si, avec l'éclairage latéral, les rayons lumineux se présentent de front, ces mêmes rayons deviennent fuyants quand ils sont sur un plan fuyant et leur point de convergence (R F) est situé à la verticale de F.

Il faut donc déterminer un rayon de fuite et le prolonger jusqu'à la verticale de F pour connaitre le point RF. On opèrera de la manière suivante : au moyen d'une fuyante parallèle à la voute (figure ci-dessus) reporter A1, qui est sur le sol en A2, à l'aplomb de l'arcade. La droite A A2 est un "rayon de fuite" qui donnerait, en le prolongeant, le point R F. Mais il est rare que les points de convergence F et RF soient accessibles, on a alors recours au réseau solaire.

Prendre, sur le côté de la voute, un point B qui donne son ombre en B1 et qui sera reporté en B2 (suivre sur le schéma). La droite B, B2, est un second rayon de fuite, nous avons déjà A, A2. Prolonger au maximum ces deux rayons de fuite, tracer deux horizontales le plus éloigné possible l'une de l'autre et reporter sur ces horizontales les intervalles compris entre les deux rayons de fuite, on a ainsi un réseau solaire sur plan fuyant.

C'est l'un de ces rayons qui, tangent à l'arcade, donnera le point 0. On utilise aussi ces rayons pour déterminer l'ombre intérieure sur la partie voutée comme on le verra ultérieurement.

LUMIÈRE SOLAIRE LATÉRALE.
LE RÉSEAU SOLAIRE. OMBRE DE VOÛTE

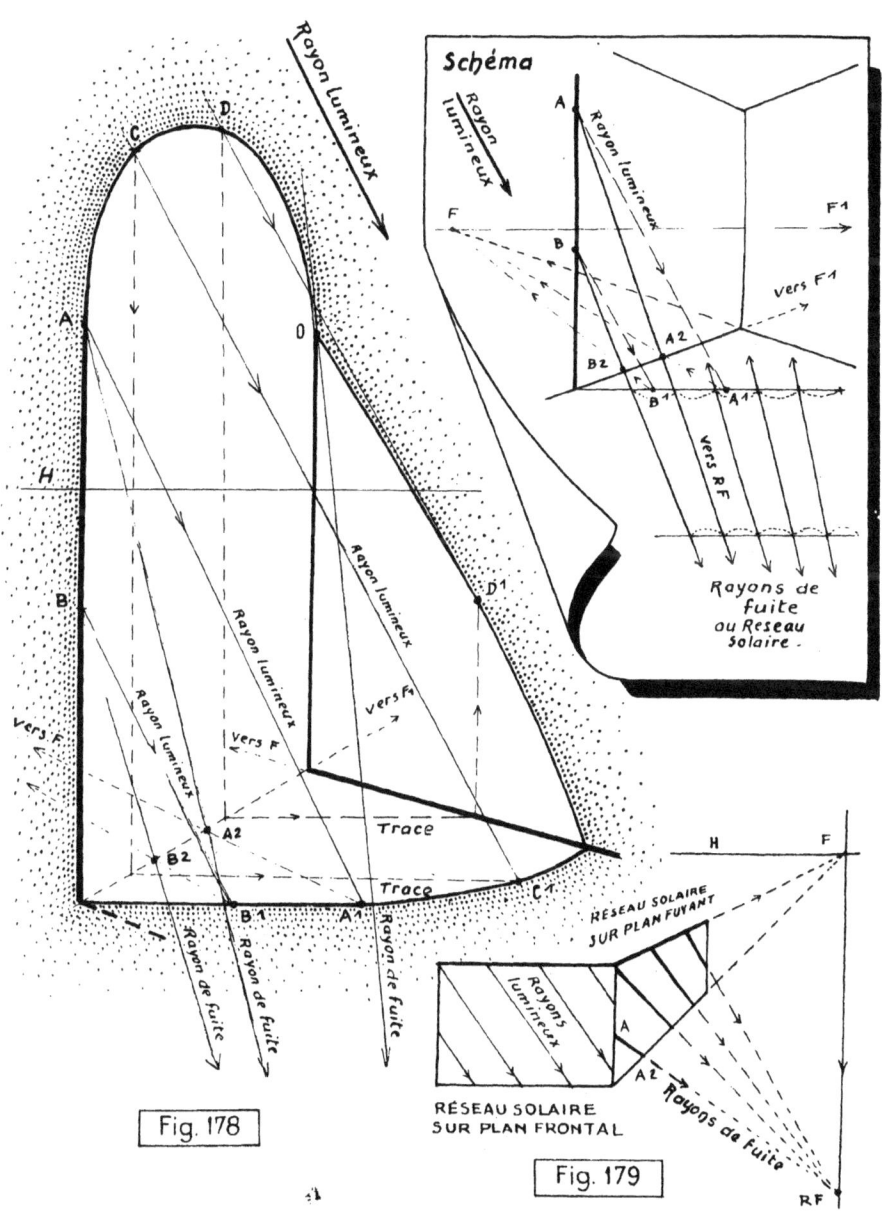

Fig. 178

Fig. 179

SOLEIL DEVANT LE SPECTATEUR.
POSITION DU SOLEIL SUR LE DESSIN

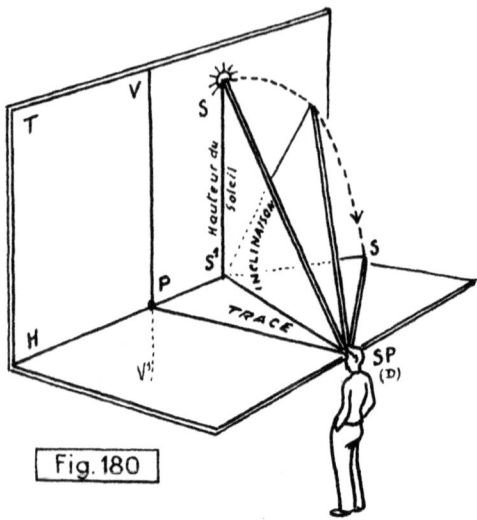

Fig. 180

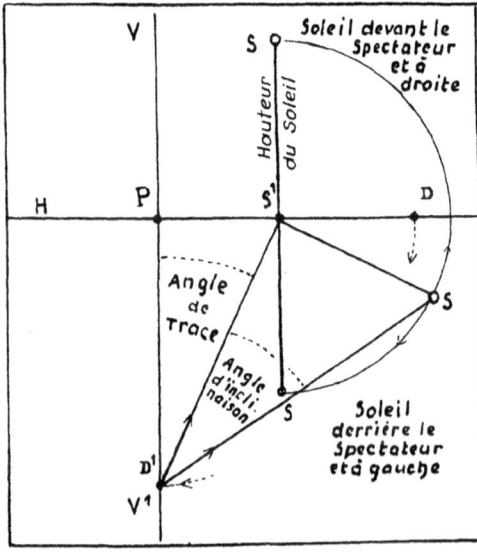

Fig. 181

La position du soleil n'est pas toujours arbitraire, on peut la fixer avec précision par un tracé préliminaire déterminant l'angle de la trace et l'angle d'inclinaison des rayons lumineux. (tracé semblable à celui des plans inclinés fig. 85).

Fig. 180 - Cette figure explique ce qu'est l'angle de trace et l'angle d'inclinaison Les points SP, S1 et S forment un triangle rectangle ou "équerre de lumière". L'hypoténuse est le rayon lumineux, le côté inférieur est sa trace, le côté vertical représente la hauteur du soleil sur l'horizon. L'"équerre de lumière" est rabattue ici sur le plan d'horizon SP, S1, S.

Fig. 181 - Tracé géométrique de la figure précédente, l'équerre de lumière étant rabattue sur le Tableau. Du point D, ramené sur la verticale V V1 (D1), construire l'angle de trace ce qui donne sur l'horizon S1 (point de projection du soleil sur l'horizon). Construire l'angle d'inclinaison sur la trace D1, S1 pour obtenir le triangle rectangle D1, S1, S qui concrétise l'"équerre de lumière".

Si le soleil est devant le Spectateur, on portera le point S au-dessus de S1. Si le soleil est derrière le Spectateur le tracé sera inversé, on en verra la raison ultérieurement, et S sera porté au-dessous de S1. Le tracé s'effectuera, dans ce dernier cas, à droite de la verticale V, V1 si on suppose le soleil derrière et à gauche du spectateur.

C'est généralement la Distance réduite qui est utilisée, c'est donc D/3 ou D/4 qui sera ramenée sur la verticale V V1. On fera le tracé comme indiqué ci-dessus mais en multipliant le résultat dans la même proportion que la réduction de la Distance.

Ce tracé est comparable à celui utilisé pour les plans inclinés (fig. 85).

Fig. 181 bis

Soleil devant le Spectateur. Effet de contre-jour.

SOLEIL DEVANT LE SPECTATEUR ET A GAUCHE

Fig. 182 - Quand le soleil est devant le Spectateur les rayons lumineux ne sont plus des parallèles géométriques mais des convergentes. Les rayons lumineux émanent du Soleil (S) et les traces viennent de la projection du Soleil sur l'Horizon (S1). Le principe en est donné sur cette figure. Il en résulte généralement un effet de contre-jour.

Le tracé consiste à rechercher l'ombre de la verticale A B qui sera obtenue par l'intersection de la trace S1, B, A1 et du rayon lumineux S, A, A1.

Fig. 183 - Lorsque le Soleil, supposé très haut, n'est pas accessible sur le dessin on emploie un régulateur pour tracer les rayons lumineux dans leur direction convergente, on établit ce régulateur en divisant proportionnellement deux horizontales LM et NR. C'est un moyen rapide et suffisant dans la plupart des cas. Le point S1 serait à la verticale de L N.

L'ombre du plan incliné est donnée par l'intersection du rayon lumineux A avec sa trace soit A1 qu'on joint à 0. Pour le parallélépipède, l'ombre de la verticale B B1 étant la projection au sol de B est donnée par l'intersection de la trace S1, B1 prolongée et du rayon lumineux passant par B, (soit B2). Au point où l'ombre de cette droite sort de l'ombre portée du plan incliné en B3, un rayon lumineux remonté vers S donne B4 qu'on joint à la base L. Même tracé pour les points C et D.

SOLEIL DEVANT LE SPECTATEUR ET A GAUCHE

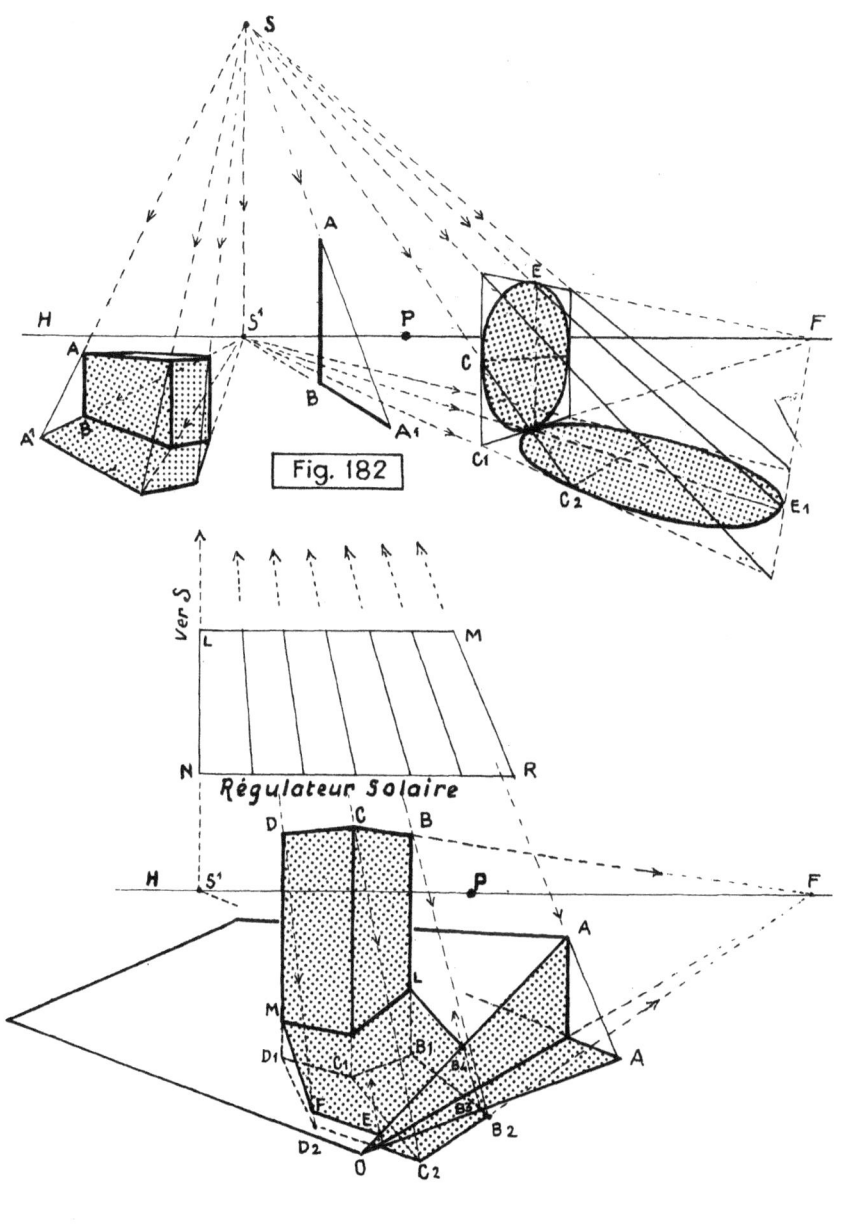

Fig. 182

Fig. 183

SOLEIL DEVANT LE SPECTATEUR ET A GAUCHE

Fig. 184 - Ombre intérieure et ombre portée d'une voute de front - S et S1 sont accessibles, une droite de S à P donnera l'inclinaison réelle du rayon lumineux - c'est "le rayon normal" ou "rayon géométral".

Une parallèle au rayon normal tangente à la voute donnera en O le départ de l'ombre intérieure (sur la figure 178 ce rayon normal a du être remplacé par le rayon de fuite à cause de l'arcade fuyante).

Une section verticale A A1, prise assez loin du piedroit et remontée sur la paroi en A 2 donnera, à la rencontre du rayon lumineux, en A3 l'ombre de A à l'intérieur de la voute sur la paroi verticale.

Il en sera de même pour B dont le rayon lumineux donnera en B3 l'ombre à l'intérieur de la voute et en B4 la suite de cette ombre portée sur le sol. Même tracé pour les points C et E.

Le point M figure le ressaut de l'ombre, indiqué en pointillés, si la voute était plus profonde.

Le tracé de l'ombre sur la partie voutée peut être obtenue avec précision au moyen de sections parallèles au Rayon normal dont les intersections avec l'arcade permettent de tracer, d'une part des génératrices, d'autre part des rayons lumineux (voir le détail).

Une première parallèle au Rayon Normal tangente à l'arcade donne le départ de l'ombre en 0 - Une deuxième parallèle donnera le point A par où passera un rayon lumineux et le point B d'où partira une génératrice fuyant à P. L'intersection donnera en A1 le point d'ombre de A, en C1 l'ombre de C, etc ...

SOLEIL DEVANT LE SPECTATEUR ET A GAUCHE

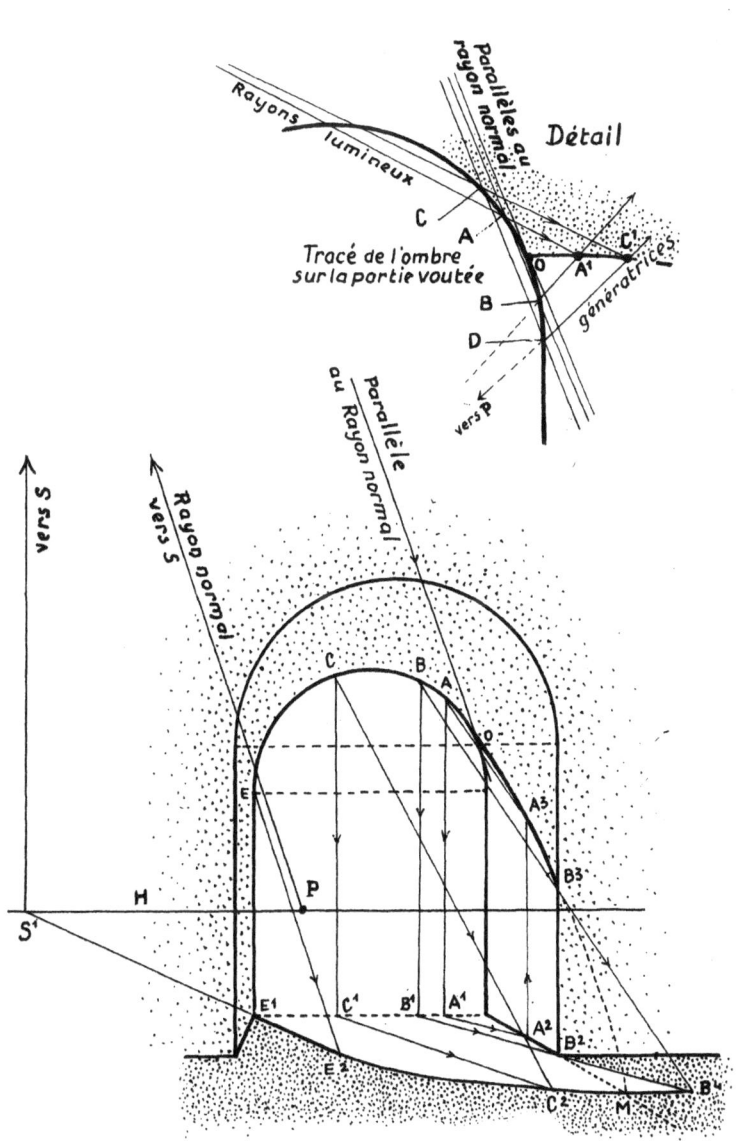

Fig. 184

SOLEIL DEVANT LE SPECTATEUR ET A DROITE

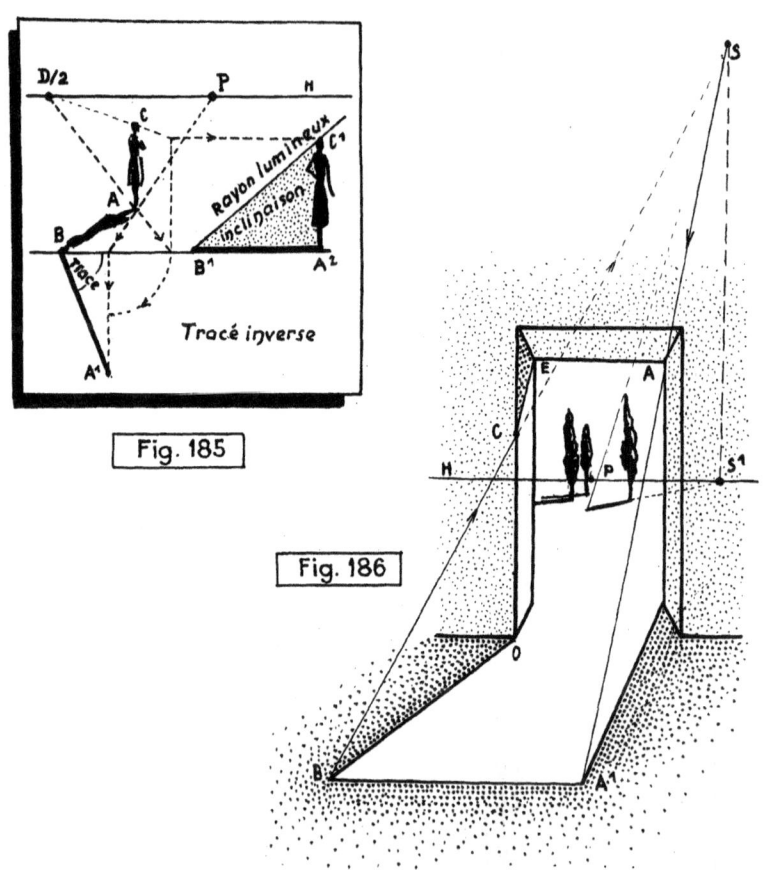

Fig. 185 - Tracé inverse - Connaissant le personnage C et son ombre A$\overline{B}$, on déterminera l'angle de la trace et l'angle d'inclinaison des rayons solaires en ramenant en vraie grandeur, au plan du Tableau, l'ombre portée AB en B A1 au moyen d'un tracé inverse, ainsi que la hauteur du personnage - Ces éléments permettront de restituer "l'équerre de lumière" A2 B1 C1 et de calculer les deux angles.

Fig. 186 - Le triangle d'ombre E, C, est obtenu par le point B remonté par un rayon lumineux sur l'arête de la porte en C.

N. B. - L'ombre E, C, ne tend pas vers S.

SOLEIL DEVANT LE SPECTATEUR

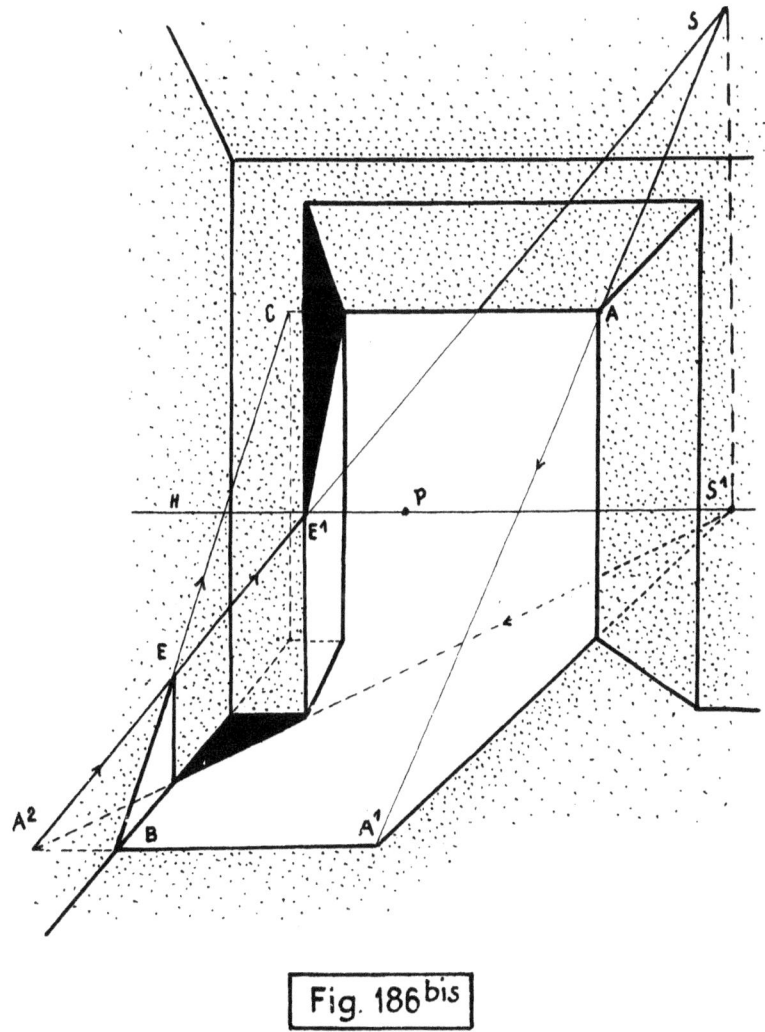

Fig. 186 bis - Ressaut de la surface éclairée sur le plan vertical latéral. Le linteau porte ombre sur le sol suivant la projective A1 A2. Celle-ci, à partir de B, prend la direction de C (C est le prolongement du linteau jusqu'au droit du mur latéral). Le point E est l'équivalent sur le mur de A2 sur le sol.

RÉGULATEUR SOLAIRE. SOLEIL DEVANT LE SPECTATEUR

Généralement lorsque la position du soleil est accessible sur le dessin les ombres portées sont très longues, le Soleil étant figuré très bas sur l'horizon. On peut y remédier, en établissant un réseau avec les angles de trace et d'inclinaison arbitraires, en respectant toutefois la position des deux points de convergence qui seraient normalement l'un au-dessous de l'autre (figures 182 et 183).

Ce réseau peut être établi pourtant avec exactitude au moyen de la mise en perspective de l'"équerre de lumière" dont l'hypoténuse serait le rayon lumineux et l'un des côtés sa trace. (Tracé semblable à la fig. 87 aux plans inclinés).

Fig. 187 - Si l'on suppose le Soleil devant et à droite du Spectateur son inclinaison étant de 60° par rapport au sol et la trace faisant 50° par rapport au plan de front, on dessinera sur l'épure le plan d'une équerre DE LONGUEUR QUELCONQUE (B A) faisant un angle de 50° avec le Tableau, ouvert à droite. On déterminera l'image de A, soit S1. La droite T A est la trace dont le point de fuite serait S 1, inaccessible.

Reporter la longueur B, A, sur le Tableau en B, A2. En B construire l'angle d'inclinaison (60°). On a ainsi le rayon normal d'inclinaison qui, prolongé, donne l'hypoténuse de l'équerre de lumière vue en vraie grandeur sur le plan du Tableau (soit B, G, A2).

Une droite A2, A1 aura son point de fuite en F qui permettra de construire l'échelle des hauteurs A2, G, F sur laquelle se situera à l'aplomb de A1 la hauteur G1. La droite B, G1 (hypoténuse de l'équerre) donne un rayon lumineux en perspective. Répéter le tracé avec une droite D, E, de façon à avoir deux équerres. Il suffira de reporter sur la frontale T, T1 l'intervalle B, D puis l'intervalle A1, L (sur une autre frontale) et en haut l'intervalle G1, I. On obtient ainsi, sur le sol, le réseau des traces et obliquement le réseau des rayons solaires tels que DI, BG1, etc...

N. B. - On peut préférer mettre en perspective, aux deux extrémités de l'épure une équerre semblable et diviser les intervalles en deux, quatre, huit, seize, etc...

RÉGULATEUR SOLAIRE.
SOLEIL DEVANT ET A DROITE DU SPECTATEUR

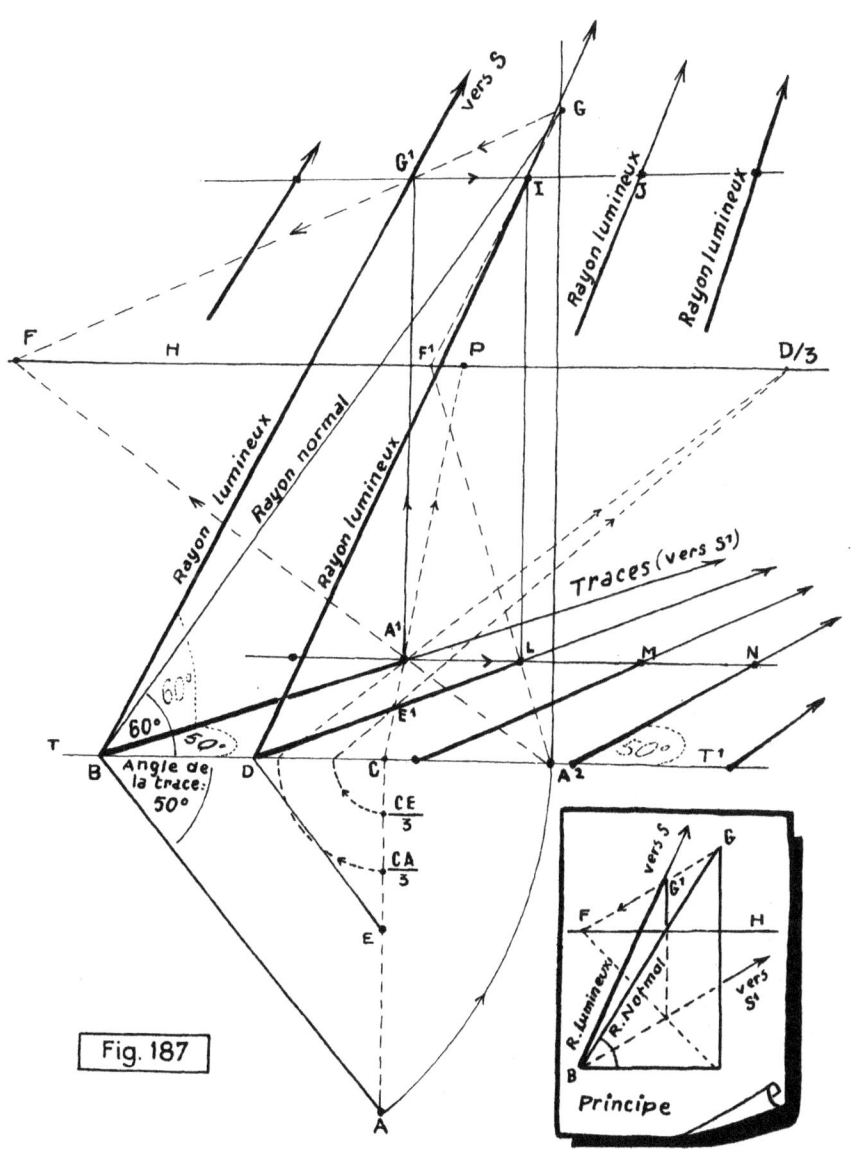

Fig. 187

SOLEIL DERRIÈRE LE SPECTATEUR

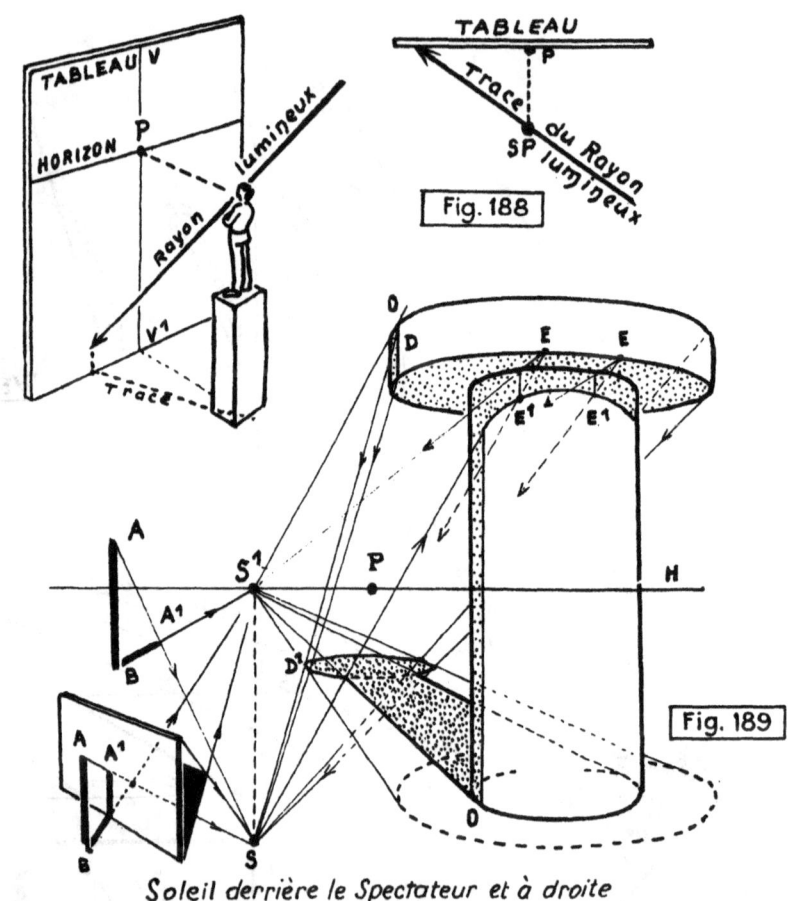

Soleil derrière le Spectateur et à droite

Fig. 188 - Il a été expliqué à la figure 180 la manière de situer le soleil devant le Spectateur, avec précision. Le tracé est le même, mais inversé, lorsqu'il est derrière le Spectateur. On en comprendra les raisons en constatant sur cette figure qu'un rayon lumineux venant de derrière et passant par l'oeil du Spectateur frappe le Tableau 1° sous le plan d'horizon, 2° à gauche du plan V, V1 si le Soleil est à droite du Spectateur.

Fig. 189 - Toutes les traces fuient sur l'Horizon vers S1 et les rayons lumineux vers S.

L'ombre propre des cylindres est donnée par une trace tangente à l'ellipse (0). La séparatrice D se retrouve sur le sol en D1 fuyant vers S1. L'ombre portée dans le haut du cylindre est obtenue par des traces quelconques (E) et leurs intersections avec les rayons lumineux (E1).

SOLEIL DERRIÈRE LE SPECTATEUR ET A DROITE

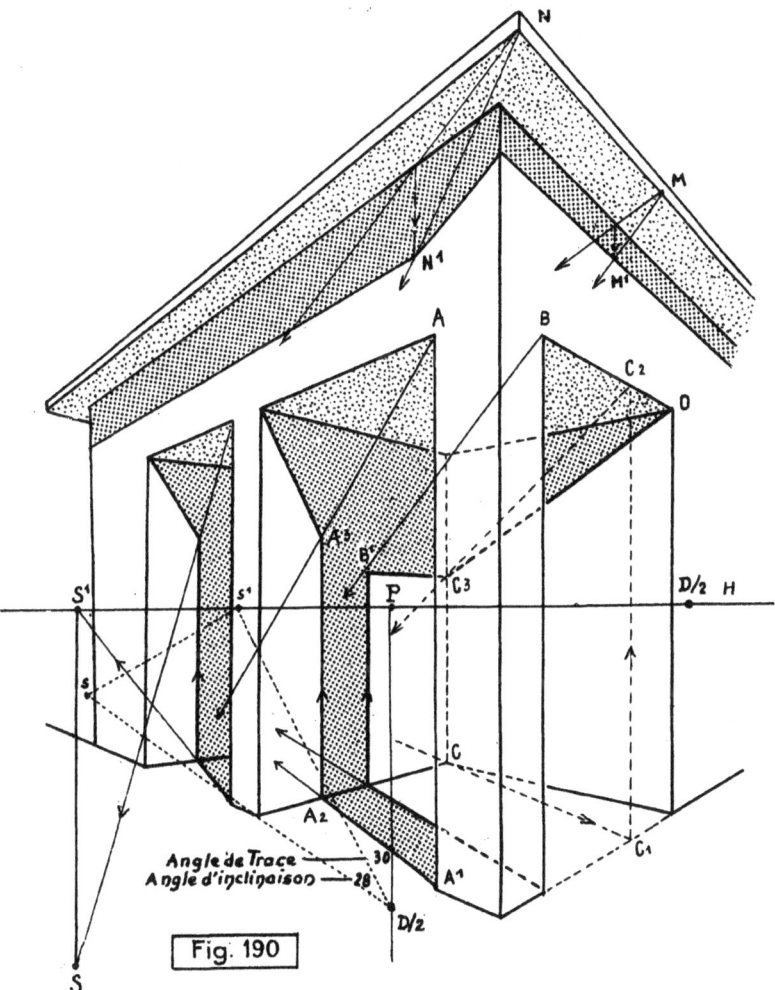

Fig. 190 - Rechercher l'ombre des différentes verticales telle que A A1 qui porte ombre en A1 A2 A3.

Pour l'angle du fond faire passer une trace par C, ramenée en C1, relevée en C2 et projetée en C3 par un rayon lumineux. Joindre B1 à C3 et C3 à 0.

En B1 on peut tracer une parallèle perspective à B0 ce qui donnerait dans l'angle le point C3.

L'ombre de la corniche est obtenue, d'une part, par un point quelconque M qui donne ombre en M1, d'autre part par l'angle N qui a son ombre en N1 - Les ombres sont parallèles à la corniche - un décrochement a lieu sur l'angle naturellement.

Si les points de fuite sont inaccessibles prendre un deuxième point quelconque sur chaque corniche pour avoir la direction de la projective.

Les angles de trace et d'inclinaison figurent en D/2 (tracé pointillé) ; les résultats sont multipliés par deux.

SOLEIL DERRIÈRE LE SPECTATEUR

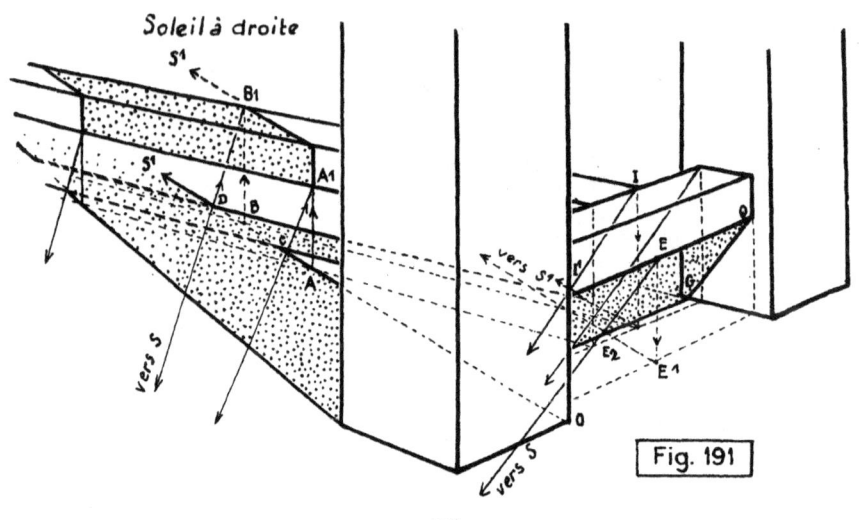

Fig. 191

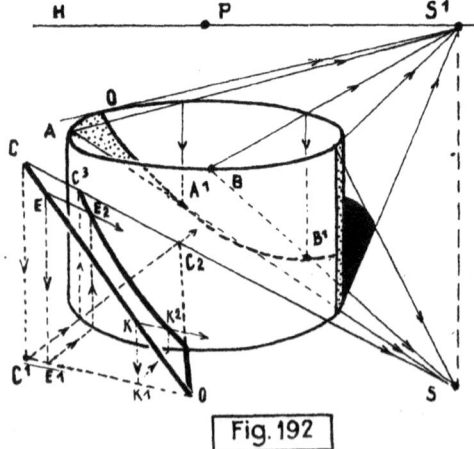

Fig. 192

Soleil derrière le Spectateur et à gauche

- Quelques tracés types -

Fig. 191 - Ressaut d'ombre. L'ombre portée sur le sol de l'arête verticale 0 fuyant vers S1 rencontre le plan en A, la trace sera remontée verticalement en A1 pour repartir vers S1 quand elle retrouve le plan horizontal.

Autre procédé : à l'intersection sur le sol des deux ombres portées en C et en D un rayon lumineux passant par ces points donnera sur les arêtes correspondantes les points A1 et B1.

L'ombre de l'entretoise est donnée par un point quelconque E, E1, et E2. La projective est parallèle perspective à l'arête E, mais, rencontrant le plan vertical en G, elle remontera au point Q.

Fig. 192 - L'ombre intérieure du cylindre part du point 0 (trace tangente à l'ellipse) et passe par les points obtenus par des sections quelconques A, A1, B, B1.

Pour l'ombre portée de la droite inclinée, rechercher l'ombre portée sur le sol 0, C2 et prendre des points quelconques E, K, qui donnent leur ombre en E2, K2, après avoir remonté les traces sur la paroi du cylindre

SOLEIL DERRIÈRE LE SPECTATEUR ET A GAUCHE

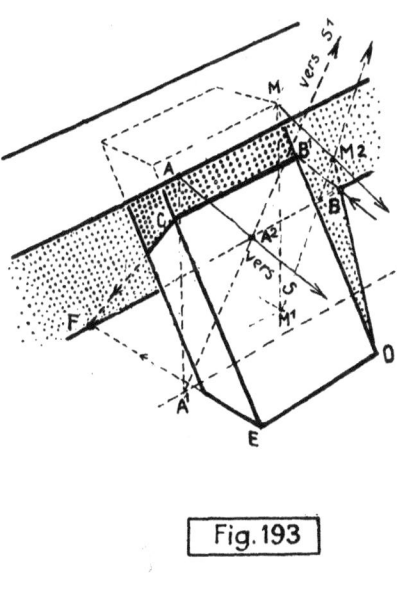

Fig. 194

Fig. 193

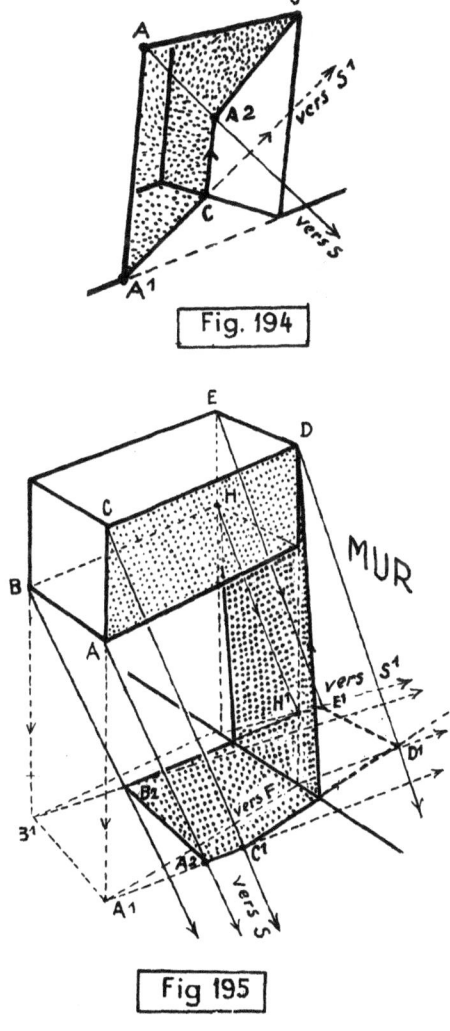

- Quelques tracés types -

Fig.193 - L'arête horizontale fuyante A a sa projective en A2 (A est quelconque).

Le point M donne ombre en M2 (la trace part de M1) - La droite M2, O est l'ombre de l'arête oblique O M. Il est inutile de rechercher l'ombre de l'arête opposée qui serait masquée.

Un rayon lumineux passant par la rencontre des deux ombres en B reportera en B1 l'ombre portée sur le plan oblique. Celle-ci du point C redescendra sur F qui est la rencontre du plan fictif vertical avec l'ombre portée F.

Fig 195

Fig. 194 - L'ombre portée à l'intérieur d'une baie est donnée par la rencontre d'un rayon lumineux partant d'un point A quelconque et de sa trace A1 qui remonte verticalement en C. (voir figure 190).

Fig. 195 - Rechercher sur le sol l'ombre portée du parallélépipède soit A2, B2, D1, et E1. A la rencontre de l'ombre avec le mur les projectives rejoindront les arêtes respectives en H et D.

SOLEIL DERRIÈRE LE SPECTATEUR.
OMBRES SUR PLANS OBLIQUES

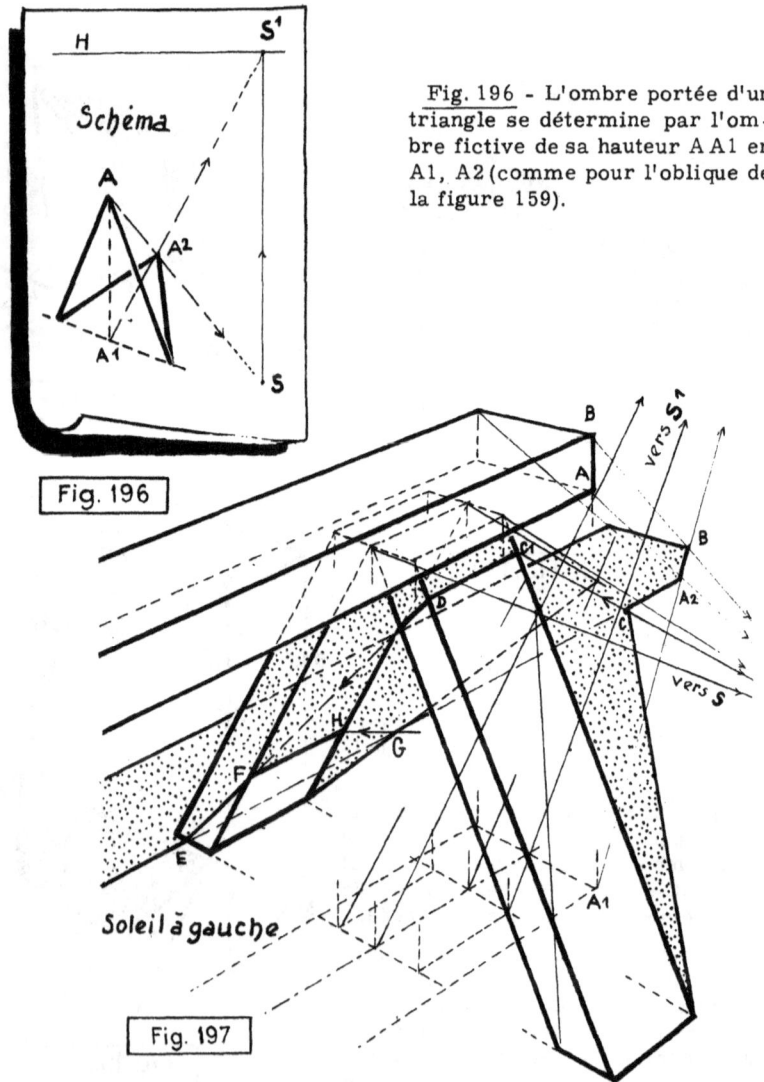

Fig. 196 - L'ombre portée d'un triangle se détermine par l'ombre fictive de sa hauteur A A1 en A1, A2 (comme pour l'oblique de la figure 159).

Fig. 197 - Ce tracé complète la figure 193. Rechercher l'ombre portée sur le sol des pieds obliques en opérant avec les différents points correspondants aux arêtes de ces pieds et de l'ombre portée de la planche horizontale.
Du point D, l'ombre rejoint l'ombre portée au sol en E. De F, une parallèle perspective donne la direction de l'ombre F H (ombre portée de la planche horizontale).
Si le point de fuite est inaccessible, le point H s'obtiendra par un rayon lumineux remonté de G, point de rencontre des deux ombres.

SOLEIL DERRIÈRE LE SPECTATEUR ET A DROITE

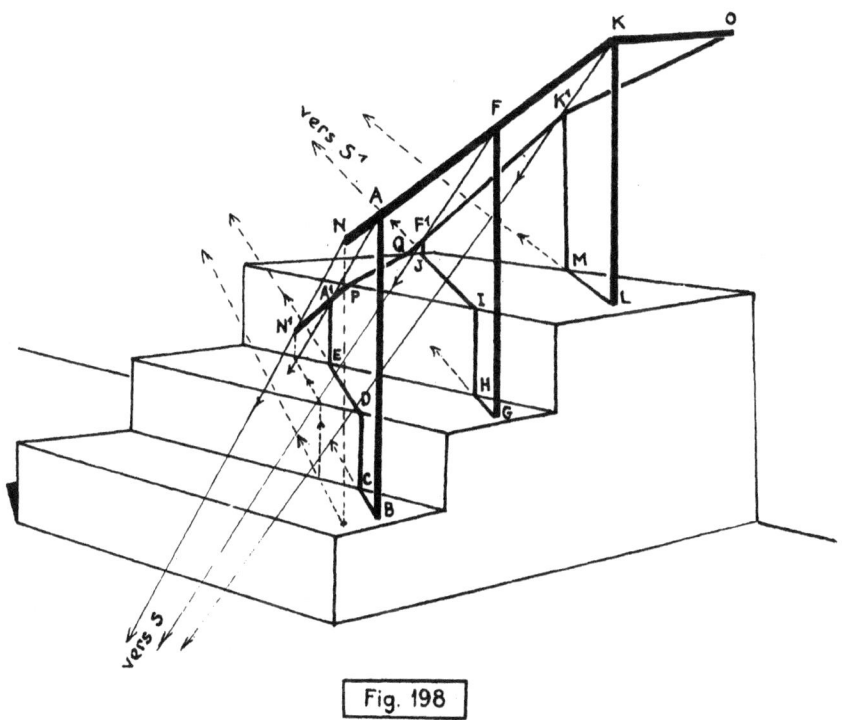

Fig. 198

Fig. 198 - Recherche de l'ombre portée des barreaux verticaux. Le barreau A B aura son ombre suivant la trace B C dirigée vers S1, remontée verticalement en D elle repartira sur le plan horizontal vers S1 (D, E,) pour remonter verticalement jusqu'à sa rencontre avec le rayon lumineux A S, soit S1. Même tracé pour les autres barreaux.

La droite joignant l'extrémité de l'ombre de ces trois barreaux sera l'ombre portée de la rampe.

Pour le départ de l'ombre portée de la rampe on supposera un barreau fictif N portant ombre en N1. Prolonger l'ombre N1, A1 jusqu'à l'angle de la marche (P) joindre à Q qui est le prolongement de l'ombre K1, F1.

Des barreaux fictifs peuvent être nécessaires pour avoir des points d'ombre de la rampe soit sur le giron de la marche, soit sur la contremarche.

SOLEIL DERRIÈRE LE SPECTATEUR ET A GAUCHE.
OMBRES SUR PLANS INCLINÉS

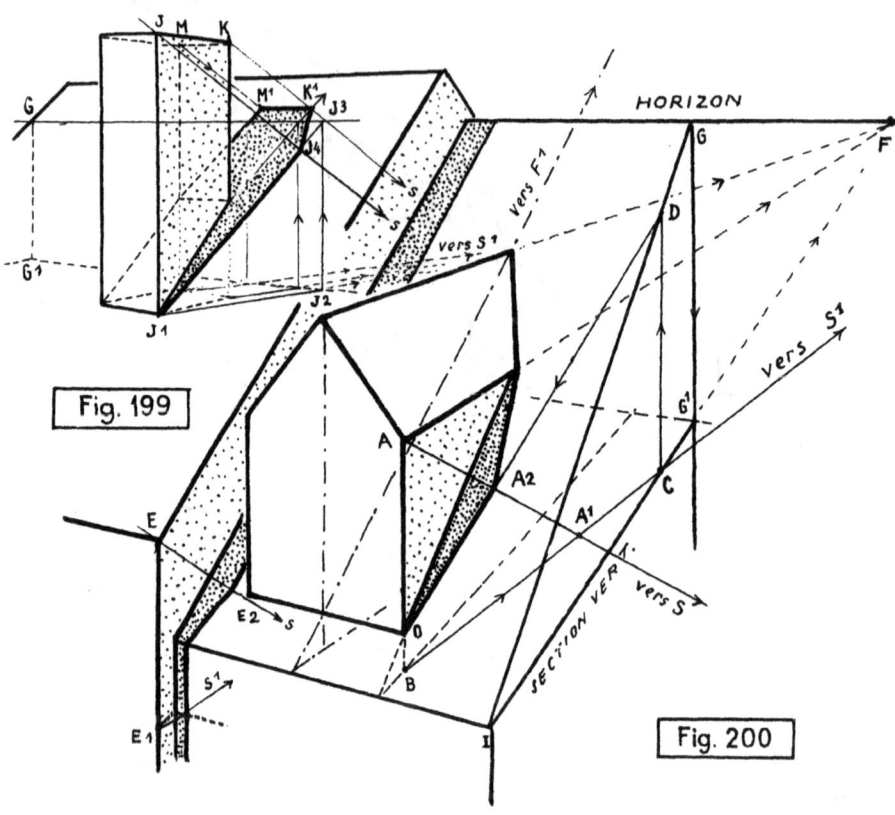

Fig. 199 - Ombre portée d'une cheminée sur un toit - Toutes les traces partant de la base de la cheminée et se dirigeant vers S1 sont remontées verticalement sur un plan vertical fictif passant par le faîtage, ou situé un peu en avant comme sur cette figure en utilisant l'Horizon (G, G1, J2).

Joindre chaque trace à l'arête correspondante J1, J2, J3. Le point J4 est l'intersection du rayon lumineux passant par J.

Fig. 200 - Ombre d'une lucarne sur un toit - Chercher l'ombre de la verticale A B sur le plan horizontal (B, A1). Prolonger sa trace vers S1, à sa rencontre, en C, avec une section verticale quelconque, G, G1, I, remonter la trace en D. Joindre à 0 pour avoir A2 (intersection avec le rayon lumineux) qui est l'ombre du point A.

La ligne d'horizon peut être utilisée pour établir la section verticale G, G1, I.

SOLEIL DERRIÈRE LE SPECTATEUR ET A GAUCHE

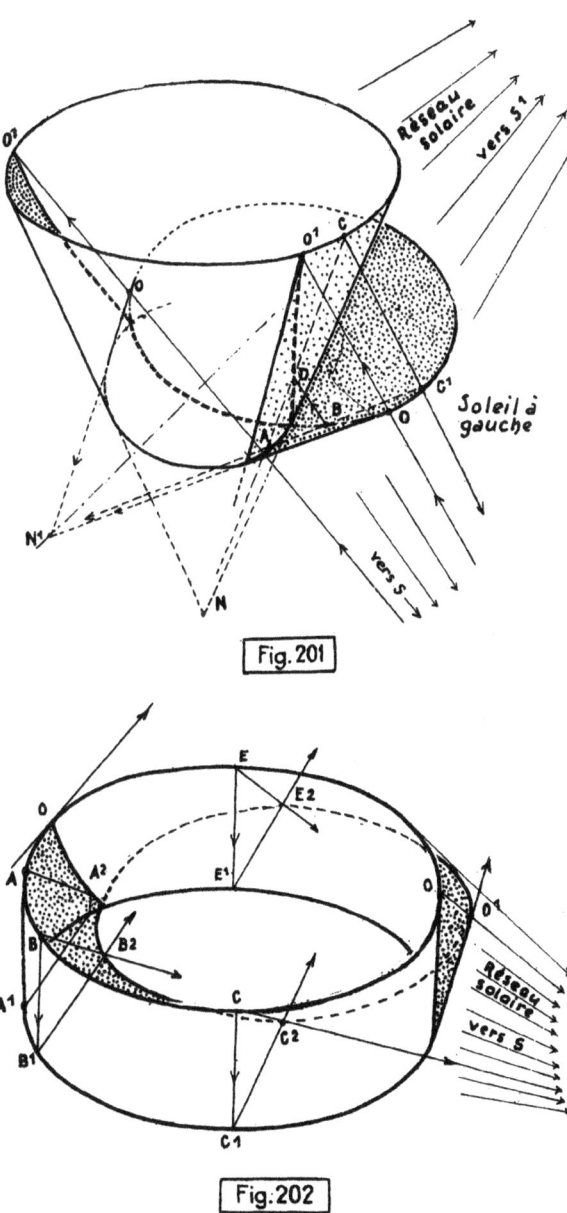

Fig. 201 - Ombre propre, ombre intérieure et ombre portée d'un cône tronqué. On supposera des génératrices (C) dont les ombres C1 passeront dans le triangle limité par les deux cercles et la projective. L'intersection B remontée par un rayon lumineux donnera un point d'ombre intérieure en D. (en réalité invisible ici). Même tracé pour la paroi opposée. On pourra se reporter à la figure 168.

L'ombre intérieure sur les parois du cône doit rattraper l'ombre portée du grand cercle sur le sol.

Fig. 202 - Ombres d'un cylindre creux. Les deux traces tangentes au cercle donnent à la fois la séparatrice de l'ombre extérieure (invisible ici) car elle se confond avec le contour apparent) et le départ de l'ombre intérieure 0.

Une trace de A1 sera remontée le long de la paroi jusqu'au rayon lumineux en A2 qui est l'ombre de A. Multiplier les traces pour avoir une courbe précise, B, B1, B2, etc... L'ombre portée intérieure est la continuation de l'ombre extérieure.

SOLEIL DERRIÈRE LE SPECTATEUR ET A GAUCHE

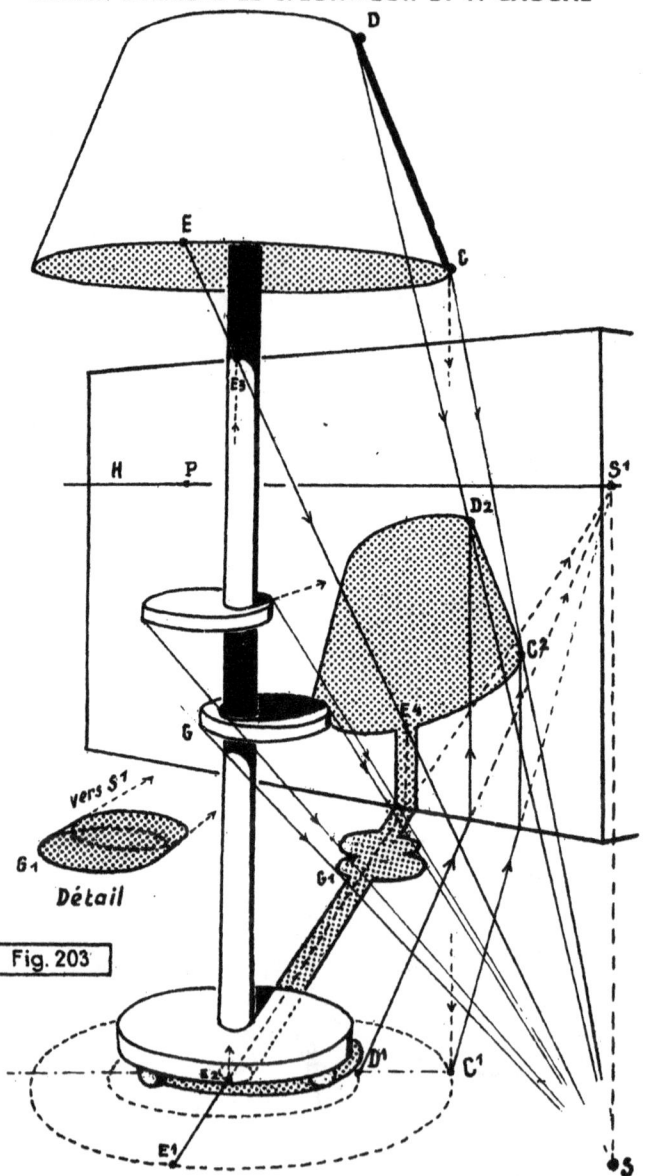

Fig. 203 - Pratiquement, avec un peu d'expérience, quelques points suffisent à déterminer le tracé des ombres. La trace E1, S1 passant par l'axe de l'objet est relevée verticalement en E2, jusqu'au rayon lumineux E, E3, ce qui donne un point d'ombre de l'abat-jour sur le pied vertical. Cette même trace fuyant sur le sol remontera sur le mur jusqu'au rayon lumineux, en A 4. Même tracé pour les points C et D de l'abat-jour et leur trace correspondante (C, C1, CA). Pour l'ombre propre de l'abat-jour revoir l'ombre du cône fig. 201. La recherche des ombres des petits plateaux a été simplifiée (voir le détail d'un plateau).

SOLEIL DERRIÈRE LE SPECTATEUR ET A DROITE

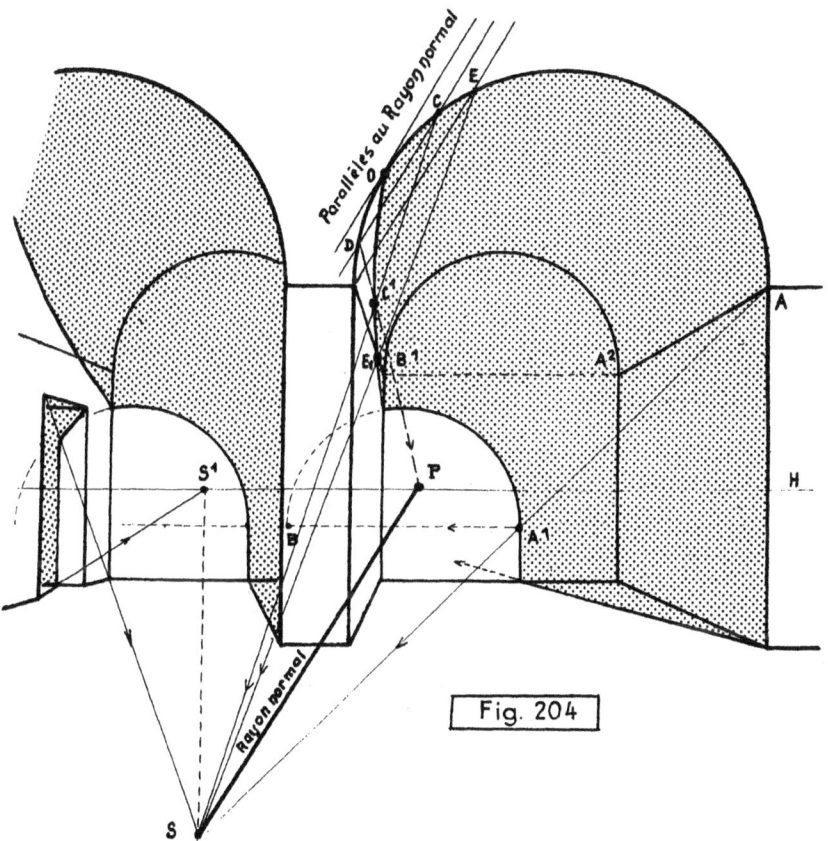

Fig. 204 - La voute est frontale et le soleil est derrière et à droite du Spectateur.

Les rayons lumineux étant convergents, le rayon normal devient nécessaire, (comme à la figure 184) pour avoir au moyen d'une parallèle tangente à l'arcade le point 0 qui marquera le départ de l'ombre. On se rappelle que le rayon normal est un rayon lumineux frontal. L'opération contraire a été faite au tracé de la figure 178, il s'agissait là de porter un rayon frontal sur un plan fuyant.

Des parallèles à ce rayon normal tangentes et sécantes à l'arcade donneront d'une part le point d'origine de l'ombre (0) et, d'autre part, des points de passage de l'ombre portée sous la voute.

Sur la sécante D E tracer une génératrice D P et de C un rayon lumineux jusqu'à cette génératrice, en C1 qui est l'ombre de C, comme E1 est l'ombre de E. La projective se raccordera à l'ombre du fond qui est une circonférence frontale (A1 B) de même diamètre que la voute (A2 B1) puisque toutes deux sont au même plan. On tracera cette demi-circonférence après avoir déterminé l'ombre du piédroit A en A1.

Fig. 205 - L'ombre de A est connue en A1. Si, de ce point, on trace une parallèle fuyante aux génératrices on obtient A 2. La droite A A2 est un rayon de fuite qui aura son point de fuite en R F (fig. 178).

Un rayon de fuite partant de RF et tangent à l'arcade donne le départ de l'ombre intérieure (0). Un rayon de fuite B RF coupe l'arcade en B1, la rencontre d'une génératrice B1 F1 avec le rayon lumineux B S donnera en B2 l'ombre de B.

On remarquera que l'ombre E1 du bâton E qui est perpendiculaire au mur et parallèle aux génératrices de la voute est dans la direction des rayons de fuite. Elle a le même point de convergence RF.

Lorsque le point RF est inaccessible, on établit un réseau solaire suivant le tracé décrit plus loin.

Fig. 206 - Le rayon de fuite est le prolongement de l'ombre portée A B de longueur quelconque et parallèle aux génératrices du cylindre. Sa rencontre avec la verticale de F donne le point de fuite RF (inaccessible sur cette figure). Un rayon de fuite tangent à l'ellipse donnera le point de départ de l'ombre intérieure (0), un autre rayon de fuite coupera l'ellipse en C et E. De E, mener une génératrice jusqu'à l'intersection avec le rayon lumineux C S, soit C1 qui sera le point d'ombre de C. On multipliera les rayons de fuite pour obtenir une courbe d'ombre précise. L'ombre portée sur le sol est expliquées à la figure 162.

Fig. 207 - Tracé semblable au précédent, mais, le cylindre se présentant dans un plan différent, on recherchera le point de convergence des rayons de fuite en prolongeant jusqu'à la verticale de F 1 l'ombre portée A, B1.

SOLEIL DERRIÈRE LE SPECTATEUR

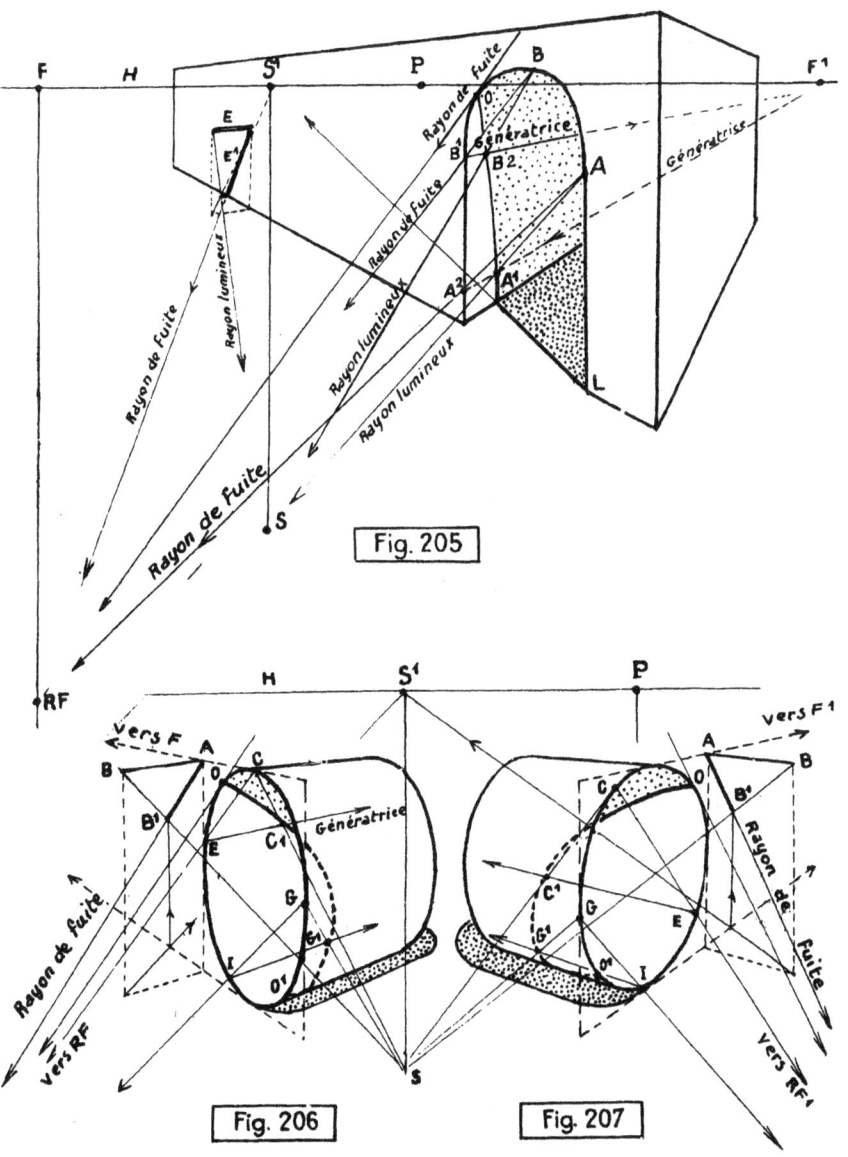

Fig. 205

Fig. 206   Fig. 207

OMBRE INTERIEURE DE DEUX CYLINDRES HORIZONTAUX ET PERPENDICULAIRES ENTRE EUX

SOLEIL DERRIÈRE LE SPECTATEUR ET A DROITE

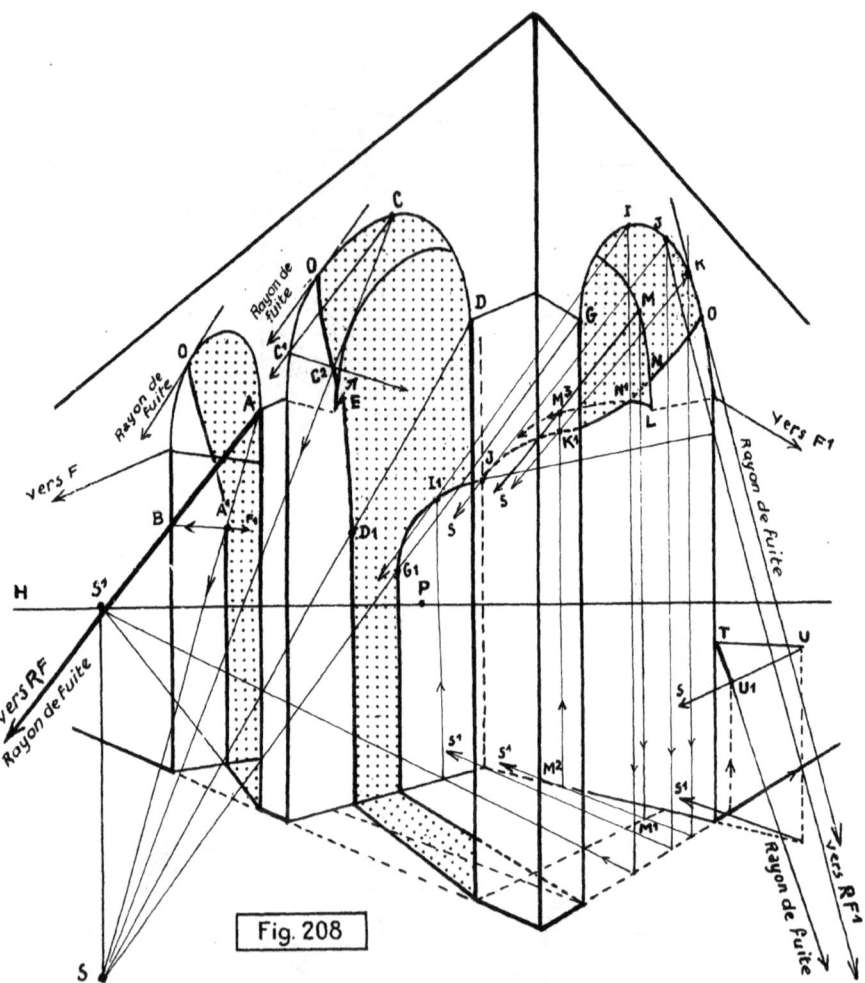

Fig. 208 - Cet exemple est une variante des figures précédentes. Les arcades étant situées sur deux plans différents il y aura deux points R F (foir figures 206 et 207).

Sur l'arcade du milieu, est figurée en E, l'amorce de l'ombre de l'épaisseur intérieure, il en est de même pour l'arcade de droite. L'ombre intérieure partant de L et se dirigeant, à son début, vers M 3 sera donnée par des sections verticales prises sur l'arcade intérieure, telle que M, M1, M2, M3. Cette courbe sera interrompue par l'ombre portée de l'arcade extérieure 0, N1, K1.

Le manque de place ne permet pas de faire figurer ici les divers points de fuite F et F1 d'une part, et RF et RF1 d'autre part.

Le point RF peut s'obtenir, comme sur l'arcade de gauche, soit par l'ombre de A en A1 reportée en B, soit, comme pour l'arcade de droite, par l'ombre de la droite T, U1 prolongée jusqu'à la ligne de fuite verticale (ici inaccessible).

SOLEIL DERRIÈRE LE SPECTATEUR

TEMPLE DE GOURNAH (Egypte)
Soleil derrière le Spectateur. Effet de pleine lumière.

Fig. 208 bis

Fig. 209 - Ombres intérieures et extérieures d'un cylindre incliné - On supposera le cylindre en matière transparante pour laisser apparaître les ombres intérieures et faciliter la lecture du tracé, qui, bien compris, permettra d'en résoudre beaucoup d'autres (on le comparera avec la figure 173).

Après avoir, d'après un géométral donné, établi l'image du plan et du cylindre incliné on tracera différents plans lumineux, tel que S1, KJ coupant le fond du cylindre suivant la droite J1, K1. A l'intersection L et M de la trace S1, J avec l'ombre portée au sol du cercle supérieur (celui qui porte ombre sur le fond du cylindre) on remontera un rayon lumineux sur la droite J1 K1, soit L1 et M1, qui seront des points de passage de la courbe d'ombre. Deux ou trois sections peuvent suffire pour déterminer l'ombre portée intérieure (G1 I1).

Pour l'ombre intérieure sur les parois du cylindre (schéma) le départ de l'ombre (03) est donnée par le point de raccordement de la droite avec les deux ellipses 0 02. Un rayon lumineux de ces points sur le cylindre, 01, 03 donnerait la séparatrice extérieure (invisible ici) et indiquée en traits interrompus. Une génératrice située entre le point T1 et 03, soit A B aurait son ombre en A1, B1. A l'intersection C, un rayon lumineux donnera le point intermédiaire C1 par où passera la courbe d'ombre 03, C1, T1.

SOLEIL DERRIÈRE LE SPECTATEUR

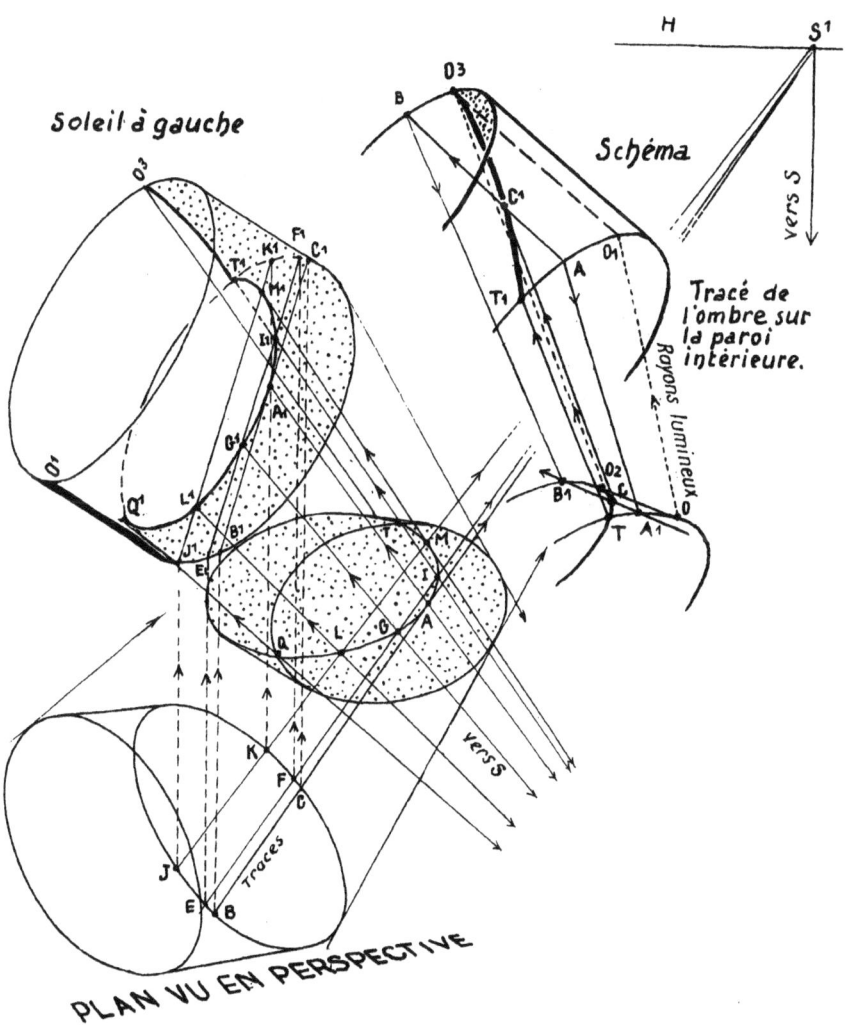

Fig. 209

SOLEIL DERRIÈRE LE SPECTATEUR

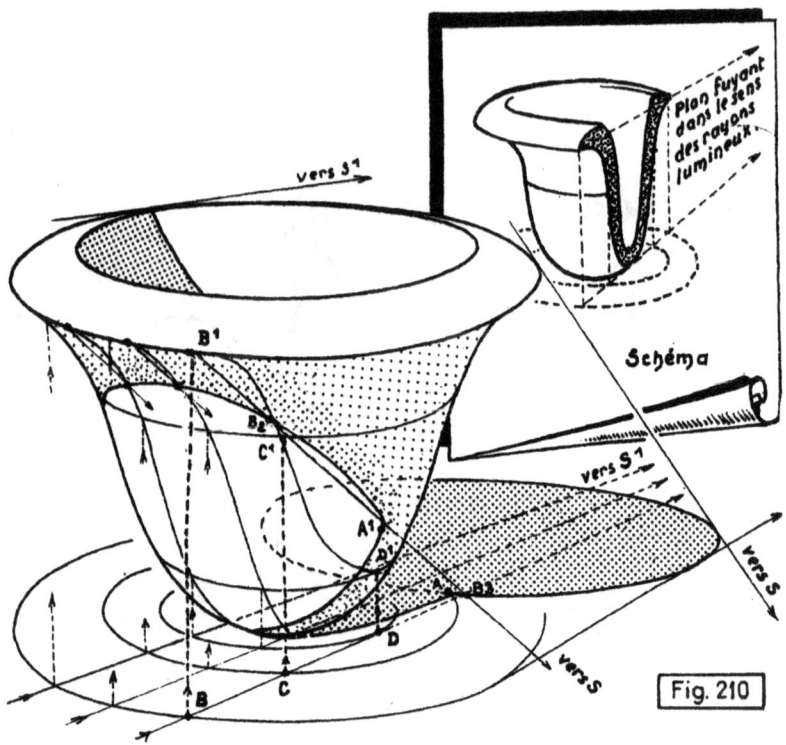

Fig. 210 - Tracer sur la vasque des cercles parallèles ainsi que leur projection au sol. Procéder comme pour la sphère pour déterminer l'ombre portée sur le sol (figure 177).

Pour l'ombre portée du rebord couper la vasque d'un certain nombre de plans verticaux, fuyant dans la direction des rayons lumineux (schéma). La section B, B1 coupe les cercles concentriques en C puis en D, remonter ces points sur les cercles correspondants C1 et D1, ils donneront les points de passage de la courbe de pénétration du plan vertical dans la vasque (B1, C1, D1).

Un rayon lumineux B1 S donnera sur la section le point d'ombre B2. On peut aussi remonter un rayon lumineux de l'intersection de la fuyante B S1 avec l'ombre du grand cercle (B3) qui donnerait sur la vasque le point B2, ombre de B1.

On notera que la rencontre des deux ombres sur le sol, en A, correspond sur la vasque au point A1 qui est à la rencontre de l'ombre portée avec l'ombre propre.

SOLEIL DERRIÈRE LE SPECTATEUR

Soleil derrière le Spectateur.
Application des figures précédentes.

Fig. 210 bis

RÉGULATEUR SOLAIRE. SOLEIL DERRIÈRE LE SPECTATEUR

Fig. 211 - Lorsque le soleil est très haut, ou quand l'angle de trace est peu ouvert les points de convergence sont souvent hors du dessin. On a alors recours au régulateur solaire dont le principe du tracé a déjà été étudié à la figure 187 avec l'"équerre de lumière", mais, cette fois l'hypoténuse est en arrière et non en avant.

Etablir d'abord le régulateur horizontal fuyant en mettant en perspective la droite A B de longueur quelconque et faisant, par exemple, 50° avec le Tableau ; l'angle de trace sera ouvert à droite si le soleil est supposé à gauche, ce qui donne la trace fuyante A, B1.

Prendre une autre droite géométrale D E qui donne en perspective D E1 que l'on prolonge sur la frontale passant par le point de profondeur B1. L'intervalle B1 K sera reporté sur cette frontale. Il en sera de même pour l'intervalle A D. Joindre D à K, D1 à L, etc... Toutes ces fuyantes convergent vers S1 qui est inaccessible.

En portant la droite A B en A B2, on obtient la base de l'"équerre de lumière" vue de front, et on portera en B2 l'angle d'inclinaison des rayons solaires, 60° par exemple.

L'hypoténuse du triangle rectangle A B2 G est un rayon lumineux frontal. L'équerre pivotant sur son côté vertical A G, il suffit de joindre G à B1 pour obtenir un rayon solaire fuyant. Si l'on reporte la hauteur G sur le côté vertical D de l'équerre suivante il suffira de joindre I à K pour avoir un deuxième rayon lumineux. Il ne reste plus qu'à reporter frontalement les différents intervalles pour obtenir facilement le réseau des rayons lumineux dont le point de convergence (S), inaccessible, se placerait à la verticale de S1.

Fig. 212 - Par un tracé inverse, étant donnée une image A B et son ombre B A1 on peut déterminer un régulateur permettant le tracé d'autres ombres.

Figurer, en utilisant l'ombre portée et l'horizon, un plan vertical fuyant B, H, A1, I, prolonger les horizontales fuyantes sur une verticale quelconque V, sur laquelle on reportera les intervalles. On fera de même pour les intervalles A, E, B, on aura des traces fuyantes.

Pour le réseau des rayons solaires, prendre le milieu de A B, le joindre au milieu perspectif de l'ombre, soit C C1 et prolonger jusqu'à la verticale V.

Joindre A à A1 en prolongeant, également, sur la verticale. Reporter les intervalles sur la verticale V et sur la verticale H pour avoir le réseau des rayons lumineux.

RÉGULATEUR SOLAIRE.
SOLEIL DERRIÈRE ET A GAUCHE DU SPECTATEUR

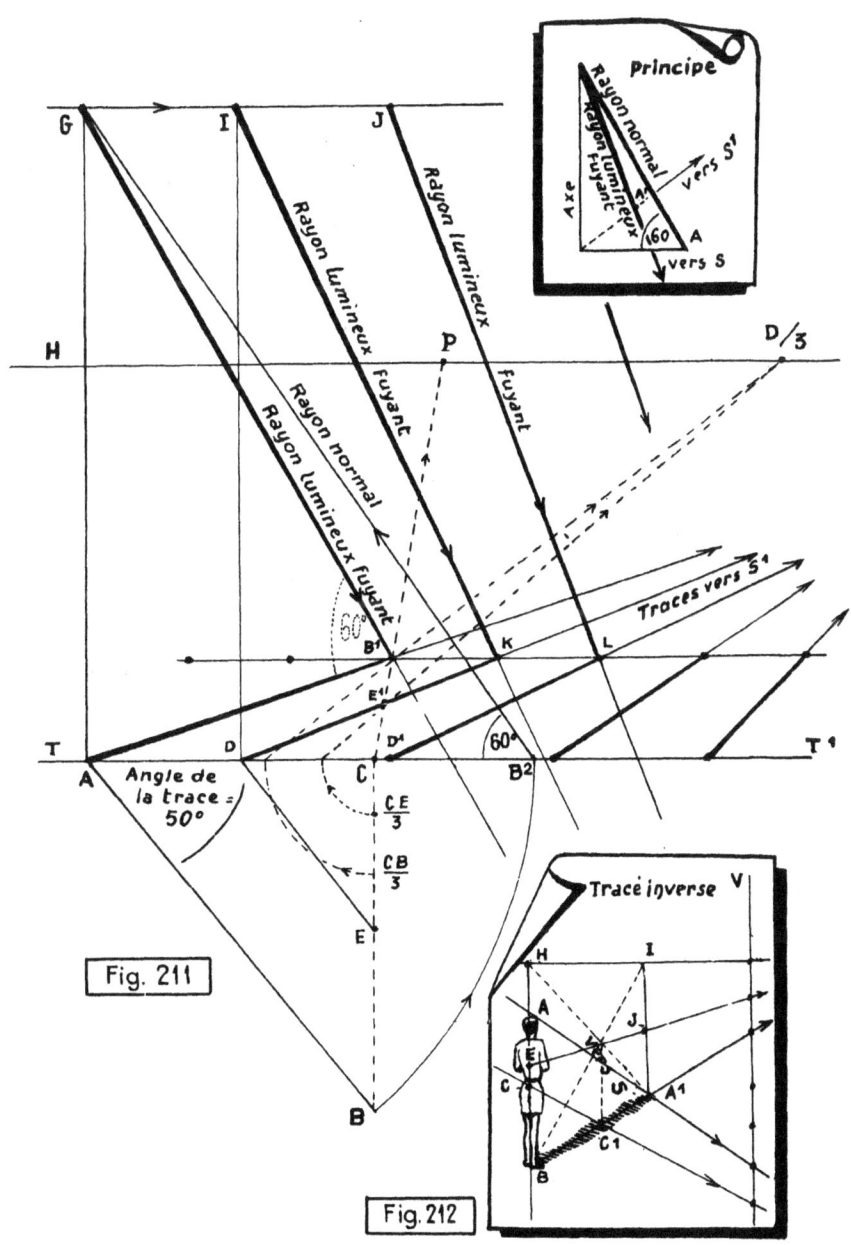

Fig. 211

Fig. 212

RÉGULATEUR SOLAIRE.
SOLEIL DERRIÈRE ET A GAUCHE DU SPECTATEUR

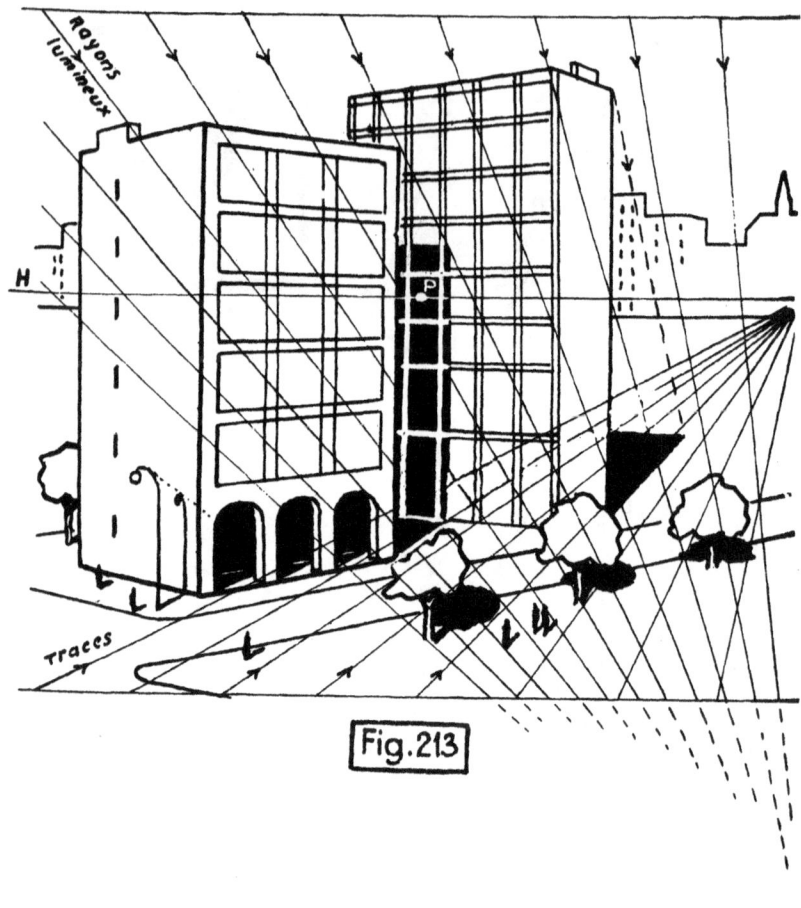

Fig. 213 - Application du tracé précédent - Même si le régulateur est tracé arbitrairement on prendra soin de mettre les points S et S1 l'un sous l'autre. Sur terrain plat S1 est sur la ligne d'horizon réelle et sur la ligne d'horizon accidentelle si le terrain est incliné.

LUMIÈRE DIFFUSE

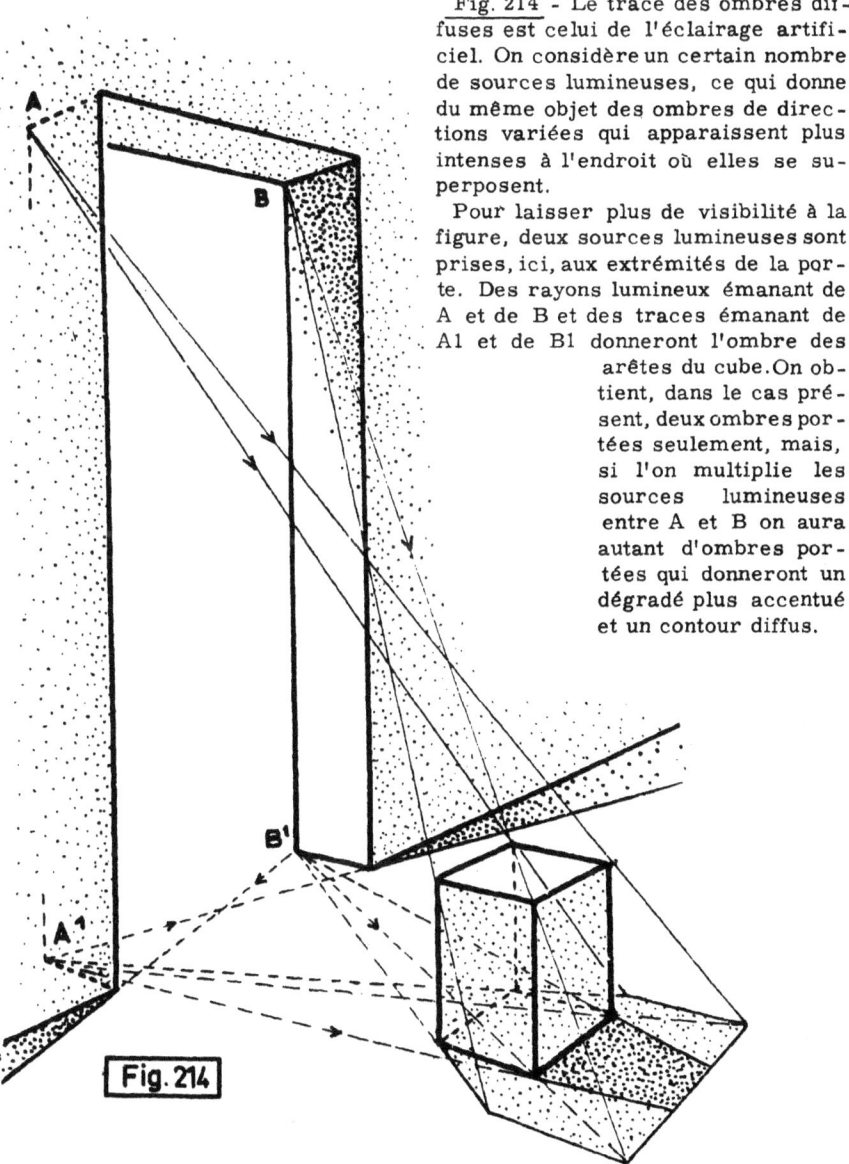

Fig. 214 - Le tracé des ombres diffuses est celui de l'éclairage artificiel. On considère un certain nombre de sources lumineuses, ce qui donne du même objet des ombres de directions variées qui apparaissent plus intenses à l'endroit où elles se superposent.

Pour laisser plus de visibilité à la figure, deux sources lumineuses sont prises, ici, aux extrémités de la porte. Des rayons lumineux émanant de A et de B et des traces émanant de A1 et de B1 donneront l'ombre des arêtes du cube. On obtient, dans le cas présent, deux ombres portées seulement, mais, si l'on multiplie les sources lumineuses entre A et B on aura autant d'ombres portées qui donneront un dégradé plus accentué et un contour diffus.

LE DESSIN D'OBSERVATION ET D'IMAGINATION
RÉGULATEUR PERSPECTIF SIMPLIFIÉ

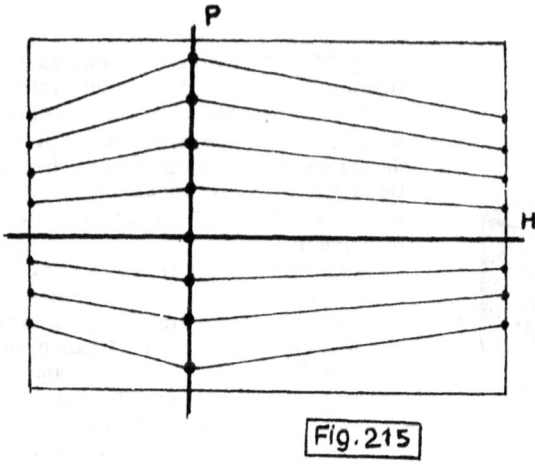

Fig. 215

Ce procédé rapide, et dans bien des cas suffisant, peut trouver de multiples applications. Le tracé se fera soit directement sur la feuille soit sur calque. Dans ce dernier cas il servira à contrôler et éventuellement à corriger le dessin préalablement exécuté sur la feuille.

Fig. 215 - Situer l'horizon (H) et tracer une perpendiculaire (P) en portant sur celle-ci un certain nombre de divisions égales à partir de l'horizon. Sur les côtés de la feuille on portera le même nombre de divisions mais plus petites. En joignant ces points deux à deux on obtient des fuyantes formant régulateur ou réseau perspectif.

Suivant le décalage de la perpendiculaire (P) par rapport à l'axe de la feuille le réseau sera plus ou moins fuyant à droit ou à gauche.

Fig. 216 - Le même réseau peut être utilisé pour des angles rentrants (intérieur d'une cour, d'une place, d'une pièce d'habitation) comme pour des angles saillants (bâtiment, boîte, etc...).
En modifiant la position de l'horizon et de sa perpendiculaire on obtient des aspects perspectifs totalement différents. Ce régulateur est l'application arbitraire de la Fig. 98. Les divisions en profondeur pourront s'obtenir par le tracé de la Fig.17.

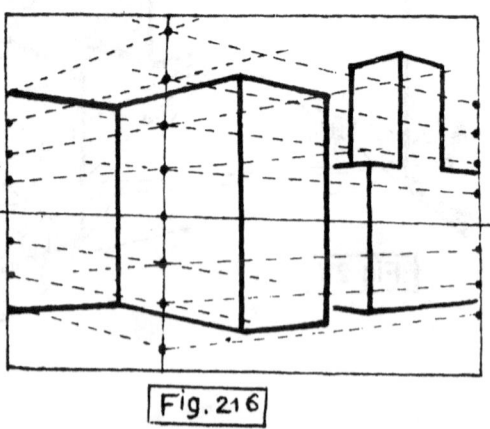

Fig. 216

- 166 -

Fig. 217 – Dans la perspective d'observation la direction des fuyantes peut être observée soit au moyen d'une grille, soit au moyen de deux bandes de papier dont l'une tenue horizontalement permettra la comparaison.

Le lecteur trouvera le développement de ce chapitre dans «LA PERSPECTIVE PAR L'IMAGE» (Ed. Eyrolles - Paris).

www.ingramcontent.com/pod-product-compliance
Lightning Source LLC
Chambersburg PA
CBHW071504150426
43191CB00009B/1411